A Lei de Locações
e os Direitos do Locatário

visite nosso site
www.editorapillares.com.br

Dados Internacionais de Catalogação na Publicação (CIP)
(Câmara Brasileira do Livro, SP, Brasil)

Silva, André Fernandes da
  A lei de locações e os direitos do locatário /
André Fernandes da Silva. -- São Paulo : Editora
Pillares, 2009.

  Bibliografia.
  ISBN 978-85-89919-66-1

  1. Inquilinato - Leis e legislação 2. Locações -
Leis e legislação I. Título.

09-03759   CDU-347.453(81)(094)

Índices para catálogo sistemático:
1. Brasil : Leis : Locação : Direito civil
    347.453(81)(094)
2. Brasil : Leis : Direito dos locatários :
    Direito civil   347.453(81)(094)

ISBN 978-85-89919-66-1

A Lei de Locações e os Direitos do Locatário

ANDRÉ FERNANDES DA SILVA
Pós-graduado em Direito Civil e Processo Civil
Professor licenciado de Direito Civil, Processo Civil e Imobiliário
Membro efetivo da Associação Brasileira de Advogados do Mercado
Imobiliário – ABAMI

São Paulo – SP
2009

© Copyright 2009 by Editora Pillares Ltda.

Conselho Editorial:
Armando dos Santos Mesquita Martins
Gaetano Dibenedetto
Ivo de Paula
José Maria Trepat Cases
Luiz Antonio Martins
Wilson do Prado

Revisão:
Maria Inez Lorena

Editoração e capa:
Triall Composição Editorial Ltda.

Editora Pillares Ltda.
Rua Santo Amaro, 586 – Bela Vista
Telefones: (11) 3101-5100 – 3105-6374 – CEP 01315-000
E-mail: editorapillares@ig.com.br
Site: www.editorapillares.com.br

TODOS OS DIREITOS RESERVADOS. Proibida a reprodução total ou parcial, por qualquer meio ou processo, especialmente por sistemas gráficos, microfílmicos, fotográficos, reprográficos, fonográficos, videográficos. Vedada a memorização e/ou a recuperação total ou parcial, bem como a inclusão de qualquer parte desta obra em qualquer sistema de processamento de dados. Essas proibições aplicam-se também às características gráficas da obra e a sua editoração. A violação dos direitos autorais é punível como crime (art. 184 e parágrafos, do Código Penal, cf. Lei nº 10.695/2003) com pena de prisão e multa, conjuntamente com busca e apreensão e indenizações diversas (Lei nº 9.610, de 19-02-98).

Impresso no Brasil

Este trabalho é dedicado à memória de meu pai, *Ivo Ferreira da Silva*, pois tenho a certeza de que, ao lado de Deus, está orgulhoso de seu filho.

Agradeço o apoio de meus familiares e amigos pela ajuda que sempre me deram durante todas as fases de minha vida, em especial a minha mãe, *Neyde Fernandes da Silva*, e a minha madrinha de batismo, *Rosa Fernandes Pinto*.

E à *Júlia*, minha mulher, que teve a paciência e o carinho de ler antes.

"Os Homens se dignificam prostrando-se perante a lei, porque assim se livram de ajoelhar-se perante tiranos."

Constituintes argentinos, encerrando seus trabalhos em 1853.

Apresentação

O presente estudo tem como tema "A Lei de Locações e os Direitos do Locatário" sob a égide da Lei nº 8.245/91. O objetivo geral deste trabalho é o de contribuir, por meio da pesquisa, com foco nas respostas aos problemas propostos, para a diminuição da insegurança jurídica em torno do tema delimitado, estimulando os investimentos na área de locação e, consequentemente, diminuindo o déficit habitacional e a desigualdade social em nosso país. Para a realização deste estudo, utilizamos a coleta de dados bibliográficos, sites especializados, e a experiência em casos concretos, adquirida nesses anos de militância na área imobiliária.

Introdução

O déficit habitacional no Brasil, estimado hoje em 7 (sete) milhões de moradias, configura problema verdadeiramente angustiante de nossa sociedade, que afeta diversos aspectos sociais em nosso país.

Tanto o poder público quanto a iniciativa privada têm sido incapazes de saná-lo, fazendo crescer as favelas nas grandes cidades, e as condições subumanas que vivem, ou, melhor dizendo, que sobrevivem os homens e mulheres dessas comunidades.

É neste contexto social que nasce a Lei n. 8.245/91, mais conhecida como a "Lei do Inquilinato". A locação vem como um instrumento real de moradia, mais acessível a toda população. Esse instituto tem propósito de regulamentar o texto constitucional, no sentido de garantir a todas as pessoas o acesso digno à Moradia, bem como fomentar a livre iniciativa econômica, por meio das locações comerciais, empresariais e industriais.

Para o desenvolvimento da atividade de pesquisa, pretendo trazer ao debate a reflexão de alguns autores, que servirão de fio condutor teórico e metodológico.

Primeiro procurarei expor os conceitos e características, visando à identificação das relações jurídicas que estão sob a égide da Lei do Inquilinato.

Para melhor compreendermos essa importante lei especial, é mister comentar a situação político-jurídica que vivíamos antes de sua promulgação, para que assim identifiquemos as necessidades que culminaram na Lei n. 8.245/91.

Delimitada a aplicabilidade da norma, bem como a sua origem histórica, começaremos a abordar as inovações introduzidas pela Lei do Inquilinato, o que equilibrou a relação entre locador e locatário, outrora tão conflitante.

Citaremos as recentes reformas do Código Civil e de Processo, além de correlacionar a presente matéria a outros ramos do direito, como, p. ex., o Direito do Consumidor.

Trataremos também sobre os conceitos e características do contrato de locação, bem como sua classificação. Nesse momento identificaremos as partes legítimas; o objeto do contrato; as formalidades legais; etc.

Discorreremos sobre os institutos de defesa do locatário, fazendo, assim, que haja uma relação jurídica mais equânime, além de explicitar as garantias locatícias existentes.

Finalmente levaremos à baila o debate sobre um outro importante direito do locatário, advindo com a Lei n. 8.245/91 e consagrado na norma em estudo, em que as partes livremente asseguram a permanência do locatário no imóvel, mesmo havendo a alienação do bem. É a chamada "Cláusula de Vigência". Discutiremos esse direito do locatário em face do adquirente, principalmente em relação ao arrematante e ao adjudicando.

É nesse contexto, atualíssimo, que desenvolveremos a presente obra, com o objetivo de contribuir, mesmo que timidamente, para o equilíbrio e o desenvolvimento desse importante segmento de mercado, capaz de diminuir as desigualdades sociais de nosso país e, por conseguinte, os problemas que enfrentamos diariamente nas grandes cidades, principalmente no que tange à questão da violência. Moradia digna é sinônimo de cidadão respeitado.

Sumário

Introdução 11

CAPÍTULO 1

Locação de Imóvel Urbano: Conceito e Características 13

CAPÍTULO 2

Comentários à Lei n. 8.245/91 17
2.1. O Mercado Locatício Anterior à Lei..20
2.2. As Alterações Posteriores 21
2.3. As Reformas dos Códigos Civil e Processual 23
2.4. A Locação e o Código do Consumidor..25
2.5. A Locação e os Juizados Especiais 27

CAPÍTULO 3

Do Contrato de Locação 29

3.1. Conceito e Classificação 29

3.2. Direitos do Locatário 32

    3.2.1. Preferência 32

    3.2.2. Retenção 36

    3.2.3. Renovatória 39

    3.2.4. Revisional de Aluguel 44

    3.2.5. Das Locações Privilegiadas 45

3.3 Das Garantias Locatícias 47

    3.3.1. Da Garantia Fidejussória ou Pessoal 48

    3.3.2. Da Garantia Real 51

CAPÍTULO 4

Da Arrematação, da Adjudicação e a Cláusula de Vigência 55

CAPÍTULO 5

Locatário e a Relação em Condomínio 63

5.1. Comportamento Antissocial 64

5.2. Animais 66

5.3. Vizinho Barulhento 67

5.4. Responsabilidade Civil do Condomínio 69

5.5. Vagas de Garagem 70

5.6. Assembleias e Reuniões..71

Lei n. 8.245, de 18 de Outubro de 1991...73

Lei n. 4.591, de 16 de Dezembro de 1964 93

Código Civil – Lei n. 10.406, de 10 de Janeiro de 2002 123

CAPÍTULO 1

Locação de Imóvel Urbano: Conceito e Características

A locação é um instituto com origem no Direito Romano, a qual se dividia em: *locatio conductio rerum*, que era a locação de coisas; a *locatio conductio operarum*, que era a locação de serviços; e a *locatio conductio operis*, que era a locação de obra ou empreitada.

Assim conceitua *Sílvio de Salvo Venosa*[1]:

> De forma geral, a locação, dentro do conceito romano tradicional, é contrato pelo qual um sujeito se compromete, mediante remuneração, a facultar ao outro, por certo tempo, o uso e gozo de uma coisa (locação das coisas), a prestação de um serviço (locação de serviços), ou a executar uma obra (empreitada).

A Locação de Coisas, por sua vez, está subdividida em bens móveis e imóveis.

Nos casos das locações de bens imóveis, que é o objeto de nosso trabalho, há de se obedecer à legislação especial, como nos casos das locações de bens públicos e da própria Lei n. 8.245/91, que ora iniciamos o estudo.

Para a devida aplicação da Lei do Inquilinato, é mister identificar o seu campo de atuação, bem como os interesses jurídicos a serem tutelados. O *caput* do art. 1º dispõe sobre a Locação de Imóvel

---
[1] 2004, p. 134 *et seqs.*

Urbano. Como segue: "A locação de imóvel urbano regula-se pelo disposto nesta Lei. Parágrafo único. Continuam regulados pelo Código Civil e pelas leis especiais: a) as locações: 1. de imóveis de propriedade da União, dos Estados e dos Municípios, de suas autarquias e fundações públicas; 2. de vagas autônomas de garagem ou de espaços para estacionamento de veículos; 3. de espaços destinados à publicidade; 4. em apart-hotéis, hotéis-residência ou equiparados, assim considerados aqueles que prestam serviços regulares a seus usuários e como tais sejam autorizados a funcionar; b) o arrendamento mercantil, em qualquer de suas modalidades."

Da expressão "Locação de Imóvel Urbano" acendem as maiores controvérsias doutrinárias e jurisprudenciais.

No que concerne ao vocábulo "imóvel", ilustres juristas se posicionam na defesa de duas correntes distintas: a primeira, fiel à origem romana, considera como "imóvel", para efeito da Lei do Inquilinato, tanto o solo quanto as construções que a ele acedem. A segunda corrente sustenta que a referência do *caput* era para as construções realizadas pelo homem, sob ou sobre a superfície do solo. Ou seja, não havendo construção no terreno, o regime jurídico a ser aplicado é o do sistema geral do Código Civil e não a Lei n. 8.245/91.

Atualmente, a posição majoritária entre os doutrinadores e nos tribunais é no sentido de aplicar a Lei do Inquilinato a todas as locações de terrenos urbanos, haja ou não construção. Para essa corrente, importantes para a aplicabilidade da aludida lei são as exceções elencadas nas alíneas "a" e "b", do parágrafo único, do art. 1º.

Corroborando nesse sentido, o professor e desembargador aposentado do Tribunal de Justiça do Estado do Rio de Janeiro, *Sylvio Capanema de Souza*[2], assim versa:

> *Tudo leva a crer que o legislador preferiu o vocábulo "imóvel" por ser o seu conceito mais amplo que o de prédio, facilitando a compreensão, para os leigos. Não são todos os imóveis cuja locação foi subsumida à Lei do Inquilinato, mas tão-somente os urbanos, o que, desde logo, afasta de sua incidência os imóveis rurais ou rústicos.*

---

[2] 2000, p. 16 *et seqs.*

Em uma posição mais avançada, a professora *Maria Helena Diniz*[3] aborda o assunto como sendo uma discussão sem muito sentido atualmente, já que o vocábulo "imóvel" derradeiramente se destina à moradia ou ao exercício da atividade profissional do inquilino. Para a ilustre doutrinadora, a Lei do Inquilinato importa verdadeiramente na distinção de imóvel urbano e rústico ou rural, pois a Lei não forneceu essa definição prévia a estes dois institutos.

Dessa posição final da professora citada no parágrafo anterior, é que levamos à baila a controvérsia acerca do *caput* do art. 1º da Lei do Inquilinato. Pergunta-se: Qual (is) o(s) aspecto(s) distintivo(s) entre o imóvel urbano e o rural?

Dois aspectos são defendidos pela doutrina, procurando a distinção do conceito de urbano e rural. O primeiro baseia-se na localização do imóvel. Ou seja, considerar-se-á imóvel rural aquele localizado fora dos limites urbanos, estabelecidos em leis municipais. Esse entendimento é defendido por parte da doutrina, fundado no conceito estatuído no Direito Tributário. P. ex.: só incidirá nos limites do perímetro da cidade, o Imposto Predial ou Territorial Urbano (IPTU). São adeptos dessa corrente: *Clóvis Beviláqua*, entre outros.

Para a segunda corrente, adotada por não menos importantes *Sylvio Capanema de Souza, Borges Carneiro, Maria Helena Diniz*, etc., a distinção entre os imóveis urbanos e os rústicos ou rurais é o da destinação econômica ou social.

Logo, considerar-se-á imóvel rural aquele que se destina à exploração agrícola, pecuária, mesmo que tais atividades sejam desenvolvidas dentro do perímetro urbano. Assim, imóvel urbano caracteriza-se pela utilização de moradia para o locatário ou exploração de atividade econômica não explicitada anteriormente.

Conclui-se que o imóvel rural será regido pelo Estatuto da Terra e Direito Agrário (Leis ns. 4.504/64 e 4.947/66 e o Decreto n. 59.566/66), e subsidiariamente pelo Código Civil, e o imóvel urbano, pela Lei do Inquilinato (Lei n. 8.245/91).

A locação de imóvel urbano, como já analisamos preambularmente, é regulamentada à luz da Lei n. 8.245/91. Institui-se por meio

---
[3] 2008, p. 14 *et seqs.*

de um contrato, que pode ser verbal ou escrito, como estudaremos nos próximos tópicos, e possui a natureza de cessão temporária do uso e gozo da "res".

Na verdade, a coisa é cedida mediante uma contraprestação, que no caso é o aluguel. Essa característica, portanto, é de onerosidade. Ou seja, não há de se considerar uma locação se não houver uma contraprestação típica de relações jurídicas onerosas.

Não havendo essa onerosidade, teremos o instituto do comodato, e não locação.

Na locação encontraremos as figuras do locador, que é aquele que pode legalmente ceder a coisa, e do locatário, que é a parte que receberá a posse direta.

Essa posse direta se desdobrará em uma série de direitos possessórios que o locatário passa a adquirir, inclusive, perante o próprio locador.

Para melhor explicarmos essa situação jurídica, citamos o ilustre recém-empossado Desembargador do Tribunal de Justiça do Estado do Rio de Janeiro, *Marco Aurélio Bezerra de Melo*[4], a saber:

> *Por adotarmos a teoria objetiva de Ihering e, portanto, ser a posse a exteriorização da propriedade, nos é possível conceber o desdobramento da posse entre duas pessoas. Uma, exercendo a posse direta – a que mantém o contato físico com a coisa – e outra, a posse indireta – pessoa que desdobrou temporariamente a sua posse. O referido desdobramento dos poderes dominiais possam se dar por uma relação de direito pessoal, como acontece no contrato de comodato, de locação, de depósito ou por uma relação de direito real, como se dá no usufruto e no penhor.*

Com efeito, o locatário de imóvel urbano poderá utilizar-se do instituto "Interditos Possessórios" para defender-se de uma turbação. Apresentemos um caso: O locatário não pode adentrar em seu automóvel, na garagem do edifício onde reside, pois há um obstáculo inserido pelo seu vizinho. Neste caso, o locatário terá o direito de ingressar com uma ação de manutenção de posse, como estatuem os arts. 926 a 931 do CPC.

---

[4] 2007, p. 35 *et seqs*.

CAPÍTULO 2

Comentários à Lei n. 8.245/91

A lei do inquilinato introduziu diversas inovações que refletiram em todo o direito brasileiro. A nova lei procurou conter abusos, resguardando os direitos do locatário, que é a parte menos favorecida da relação contratual, já que este é quem necessita alugar o imóvel, e muitas das vezes, acaba tendo de submeter-se às condições leoninas impostas pelo detentor do poder econômico, que no caso é o senhorio.

Todavia, mais do que tudo, a nova lei procurou equilibrar as relações locatícias, não exacerbando direitos de uma em detrimento da outra parte, como acontecia nas legislações já citadas.

Originalmente a lei de locações é norma de direito privado. Ou seja, é norma que regula a relação entre particulares, devendo, pelo bom andamento do mercado, sofrer a menor intervenção estatal possível. Contudo, nesta mesma lei, há normas cogentes, de natureza pública, que não retiram a finalidade do contrato locatício, mas evitam graves injustiças sociais, já que a legislação inquilinária é de interesse social.

Além disso, a lei procurou regulamentar, mesmo que indiretamente, dispositivo constitucional, que relativizou o direito à propriedade, impondo ao proprietário a obrigação de destiná-lo de acordo com sua função social.

A professora *Maria Helena Diniz*[1], com a didática que lhe é peculiar, assim nos ensina:

> *A edição desta lei veio a possibilitar que a propriedade venha a exercer, realmente, sua função social, pois o detentor de capitais imobiliários passará, ante as vantagens nela contidas, a fornecer imóveis para serem locados, libertando, em parte, a nação brasileira do difícil e preocupante problema socioeconômico das moradias e das sérias consequências dele decorrentes.*

Mesmo com a reforma do Código Civil, como estudaremos mais adiante, a lei do inquilinato não foi revogada, como dispõe o art. 2.036 do citado diploma legal.

Importantes também foram as inovações introduzidas em nosso regramento jurídico, chamando a atenção de todos para um direito mais humano, que se preocupe com a verdadeira acepção da palavra justiça.

Nos contratos novos, p. ex., com o advento da lei do inquilinato, o proprietário que firmar a locação, com prazo igual ou acima de trinta meses, poderá pedir a desocupação do prédio findo o prazo, sem a necessidade de alegar o motivo.

Contudo, sendo firmada a locação por prazo inferior àquele que o legislador entendeu como sendo razoável para o estabelecimento do locatário (30 meses), o locador terá a obrigatoriedade de motivar a sua retomada, sob pena de o imóvel só poder ser retomado depois de decorridos 5 (cinco) anos de vigência da locação.

A periodicidade e os índices de reajuste também deixaram, em momento oportuno, de ser disciplinados pela norma, consagrando o princípio do *pacta sunt servanda*. Contudo, a legislação veda a variação em salário mínimo, em moeda estrangeira ou em taxas de câmbio.

Com o advento da Lei n. 8.245/91, as locações para temporada foram mais bem regulamentadas. Temporada passou a ser entendida como sendo aquelas locações em que o prazo máximo de permanência do locatário é de 90 dias. Nessas locações, inclusive, foi permitida a cobrança antecipada dos aluguéres.

---

[1] 2008, p. 28 *et seqs.*

A lei do inquilinato também introduziu o direito do locatário na renovação compulsória do contrato, desde que preenchidos os requisitos do art. 51 do citado diploma legal, *in verbis*: "Nas locações de imóveis destinados ao comércio, o locatário terá direito a renovação do contrato, por igual prazo, desde que, cumulativamente: I – o contrato a renovar tenha sido celebrado por escrito e com prazo determinado; II – o prazo mínimo do contrato a renovar ou a soma dos prazos ininterruptos dos contratos escritos seja de cinco anos; III – o locatário esteja explorando seu comércio, no mesmo ramo, pelo prazo mínimo e ininterrupto de três anos."

O prazo revisional também foi reduzido de cinco para três anos.

A nova lei pacificou também discussões jurisprudenciais, ao expressar que as taxas das imobiliárias deverão ser custeadas pelos locadores e não pelos inquilinos.

A legislação concedeu também maior autonomia aos locatários, garantindo-lhes o direito de votar nas assembleias condominiais, em matérias de sua responsabilidade, salvo se o locador nela estiver presente.

O rol das penalidades criminais foi aumentado, visando à abolição de determinadas práticas do mercado.

A lei do inquilinato também introduziu inciso na Lei n. 8.009/90, quando consagra que a impenhorabilidade do bem de família não alcançará o imóvel do fiador. Transcrevemos: "Art. 3º A impenhorabilidade é oponível em qualquer processo de execução civil, fiscal, previdenciária, trabalhista ou de outra natureza, salvo se movido: VII – por obrigação decorrente de fiança concedida em contrato de locação."

Apesar de esse dispositivo ter suscitado debates acalorados, inclusive no STF, atualmente o entendimento é pacífico no sentido de que tal disposição da Lei n. 8.009/90 é constitucional e não representa afronta ao bem único do fiador, já que ele sabia do risco do negócio, ao garantir a locação de outrem.

Na esteira dessas inovações, comentaremos a seguir os reflexos da Lei do Inquilinato em nosso ordenamento jurídico.

2.1. O Mercado Locatício Anterior à Lei

Uma lei única, que abrangesse locações comerciais, não residenciais, de temporada e residencial, p. ex., era o grande sonho dos militantes do mercado imobiliário da época.

Existiam diversas legislações especiais, como a Lei n. 6.239/75, 6.649/79, entre outras, que tornavam a locação um emaranhado de leis esparsas, que dificultava o entendimento não só dos profissionais do segmento, mas dos maiores interessados, que são os locadores e locatários.

Essas leis, inclusive, não só causavam imensas dúvidas entre profissionais e leigos, como também eram excessivamente protecionistas para com o locatário, o que provocava um grande desequilíbrio nas relações locatícias. Por efeito, havia um completo desestímulo entre investidores e locadores, fazendo com que estes procurassem outras formas de aplicação.

Por forma oblíqua, as legislações acabavam por prejudicar os próprios locatários, já que com a pouca oferta de imóveis, os preços encareciam, dificultando, assim, o acesso de todos à moradia. É nesse cenário que começamos a acompanhar o crescimento da favelização nas grandes cidades, da propagação das vilas, dos cortiços, ou seja, verificamos o aumento no convívio multifamiliar.

Para alguns doutrinadores da época, esse excesso de intervenção estatal nas relações entre particulares resultou na dificuldade de, p. ex., o locador pedir o imóvel após o término contratual.

Por todos esses e outros motivos é que uma nova legislação era clamada. A legislação precisava ser única, de fácil compreensão, para atingir todas as camadas sociais, estatuindo os direitos e deveres de locadores e locatários de forma equânime, contribuindo, assim, para a pacificação e desenvolvimento do mercado.

Com esse objetivo, homens atuantes nesse segmento da época, como *Geraldo Beire Simões*, advogado, atual presidente da Associação Brasileira de Advogados do Mercado Imobiliário – ABAMI, e *Sylvio Capanema de Souza*, desembargador aposentado do Tribunal de Justiça do Estado do Rio de Janeiro, entre outros, se reuniram em longos meses, para ajudar os parlamentares na elaboração de uma lei unificada.

No contexto político-econômico, o Brasil sofria na economia com a alta da inflação, que corroía o aluguel, desequilibrando a relação locatícia.

O Judiciário acumulava diversas ações de despejo e revisionais de aluguel, pois os locadores buscavam restabelecer o valor econômico do negócio.

É nesse cenário que os homens do mercado conseguiram que o então presidente do país, Fernando Collor de Mello, sancionasse a Lei n. 8.245/91, mais conhecida como a Lei do Inquilinato.

2.2. As Alterações Posteriores

Como já estudamos, a locação de imóvel urbano é regida pela Lei n. 8.245/91, e encontra-se ora em vigor graças ao art. 2.036 do CC: "A locação de prédio urbano, que esteja sujeita à lei especial, por esta continua a ser regida."

Todavia, leis subsequentes alteraram parte da legislação. A Lei n. 9.256/96 alterou o *caput* do art. 53, ficando com a seguinte redação: "Nas locações de imóveis utilizados por hospitais, unidades sanitárias oficiais, asilos, estabelecimentos de saúde e de ensino autorizados e fiscalizados pelo Poder Público, bem como por entidades religiosas devidamente registradas, o contrato somente poderá ser rescindido:..." Também o § do art. 63: "Tratando-se de hospitais, repartições públicas, unidades sanitárias oficiais, asilos, estabelecimentos de saúde e de ensino autorizados e fiscalizados pelo Poder Público, bem como por entidades religiosas devidamente registradas, e o despejo for decretado com fundamento no inciso IV do art. 9º ou no inciso II do art. 53, o prazo será de um ano, exceto no caso em que entre a citação e a sentença de primeira instância houver decorrido mais de um ano, hipótese em que o prazo será de seis meses." Tais alterações procuraram abranger outros tipos de locações que gozariam de maior proteção legislativa, como, p. ex., as locações às entidades religiosas, devidamente oficializadas.

Ou seja, como estudaremos melhor adiante, essa proteção maior dada a certas locações é decorrente do interesse público para que certas atividades desenvolvidas sejam mantidas.

Assim, o locador só poderá retomar o imóvel caso haja inadimplência contratual ou legal; mútuo acordo; em decorrência da falta de pagamento do aluguel e demais encargos; e para realização de reparações urgentes determinadas pelo poder público.

O § 3º do art. 63 foi alterado quanto ao procedimento no caso de despejo dessas locações especiais. O prazo para a desocupação voluntária, p. ex., se dilata em até 12 (doze) meses.

Outra importante modificação trazida por lei posterior é a da Lei n. 9.267/96. Esta alterou a redação dada ao § 4º do art. 24 da Lei n. 4.591/64.

Por essa alteração, o locatário passa a ter maior participação na vida condominial, podendo, na falta do locador e salvo em matérias extraordinárias, votar, ou seja, deliberar em matérias que envolvam despesas ordinárias. Por estas despesas, podemos citar: manutenção de elevador, férias de empregado, pequenos reparos no prédio, etc.

A Lei n. 10.931/2004 acrescentou parágrafo ao art. 32, estatuindo que nos contratos firmados a partir de 1º de outubro de 2001, o direito de preferência de que trata o aludido artigo não alcançará os casos de constituição da propriedade fiduciária e de perda da propriedade ou venda por quaisquer formas de realização de garantia, inclusive mediante leilão extrajudicial, devendo essa condição constar expressamente em cláusula contratual específica.

Já a Lei n. 11.196/2005 alterou o rol das modalidades de garantia para uma locação, inserindo a "cessão fiduciária de quotas de fundo de investimento".

Essa modalidade vem sendo usada por locadores e administradores e consiste na disposição de cotas, muitas das vezes títulos de capitalização, p. ex., em favor do proprietário (credor), podendo ser sacado por este, caso haja inadimplência do locatário.

Ainda sobre essa garantia, além de o inquilino não ter a necessidade de pedir a terceiro para ser o seu fiador, o locador não fica limitado ao valor estatuído nos casos de caução em dinheiro, que fica no valor de três alugueres. Assim, por meio dessa modalidade, criou-se um importante instrumento para maior segurança jurídica do negócio.

A Lei n. 11.101/05, conhecida como a nova lei de falências, alterou o § 3º do art. 38, ao estatuir sobre a necessidade de substituir as ações em caso de falência ou liquidação das sociedades emissoras.

2.3. As Reformas dos Códigos Civil e Processual

O Código Civil de 2002 e a última reforma do Código de Processo Civil trouxeram modificações importantes afetando diretamente não só a legislação inquilinária, mas também todo ordenamento jurídico.

No campo do direito material, houve rompimento com os códigos anteriores, quando, no caso da locação, extinguiu a tripartição da locação em: de coisas, de serviços e de empreitada.

O Código Civil, em momento oportuno, não se alongou em regular as espécies de locações existentes, procurando somente traçar princípios básicos, deixando à legislação especial, bem como aos contratos, a função de desenvolver e regular o tema.

Essa visão geral começa a ser disciplinada no art. 565 e se estende até o art. 585 do CC.

A primeira discussão sobre o novo diploma legal e a Lei do Inquilinato paira no art. 571 do CC. Este dispositivo garante ao locador da coisa o direito de reivindicar a posse do bem, desde que indenize o locatário.

A lei do inquilinato, em seu art. 4º, veda, peremptoriamente, a retomada do imóvel por parte do locador, independentemente de justa indenização.

Discute-se assim o fato temporal, havendo quem alegue que a lei posterior revoga a anterior, e quem sustente que a lei do inquilinato é lei específica, ou seja, exceção à regra, logo, prevalecerá o disposto no art. 4º.

Comungando da mesma opinião, o professor *Capanema*[2], com a clareza que lhe é sempre peculiar, dirime a discussão, a saber:

---

[2] 2000, p. 6 *et seqs*.

Temos para nós, entretanto, que, diante da própria orientação da mensagem, prevalecerá a tese de que as regras do Código Civil aplicar-se-ão aos contratos de locação de coisas que não se subsumam ao regime da Lei do Inquilinato, pelo que os dois sistemas coexistirão.

No que tange ao direito processual, com intuito de assegurar a maior efetividade na prestação jurisdicional, o direito do processo serviu como instrumento para essa evolução.

Com a última reforma, extinguiu-se o processo de execução de sentença, que gerava mais custos, novos procedimentos exaustivos, que privilegiava muito mais o devedor do que o credor.

Atualmente, optou-se pela satisfação da sentença, com multa ao devedor, caso este descumpra o prazo legal.

A lei do inquilinato já trouxe algumas inovações no campo do processo, que se tornaram referência para a evolução de nosso direito processual. Temos, p. ex., a admissão da citação postal e por fax, desde que autorizada em contrato.

Visando a diminuir esse tempo de prestação jurisdicional, já havia previsão em 1991, com o advento da lei do inquilinato, de extinguir o efeito suspensivo dos recursos interpostos.

Em 1994, o Código de Processo Civil sofreu outras mudanças importantes, que procuraremos adiante correlacionar com a lei do inquilinato.

A antecipação de tutela ainda suscita grandes discussões no tocante a sua aplicação na lei do inquilinato. O professor *Capanema*, de forma contrária, entende que essa alteração foi muito bem-vinda nas locações, tendo em vista que fixa, p. ex., o aluguel provisório, nos casos de discussão judicial sobre o reajuste do aluguel.

A outra alteração introduzida nessa reforma é no tocante ao pagamento por consignação dos alugueres.

Antes só se admitia a consignação do aluguel feito pelo inquilino de forma judicial, o que abarrotava ainda mais o judiciário e, portanto, desestimulava o inquilino em proceder a sua defesa perante os maus locadores, sucumbindo-se ao pagamento de cobranças indevidas.

Assim, com advento da referida reforma, o pagamento poderá ser consignado por meio de um simples depósito aberto em nome do credor, por meio de banco oficial.

Como visto, essas e outras modificações, que examinaremos no transcorrer desse trabalho, tiveram o condão de preencher as lacunas existentes na lei do inquilinato. Havendo divergência de dispositivos, por ser lei específica, aplicar-se-á a Lei n. 8.245/91. Para que não pairem dúvidas: o Código Civil e de Processo deverão servir como fontes subsidiárias e não principal, não se podendo falar, assim, em ab-rogação ou derrogação da Lei do Inquilinato.

2.4. A Locação e o Código do Consumidor

Tema muito em voga, não há consenso entre os consumeristas e militantes do direito imobiliário no tocante à caracterização da relação locatícia como sendo uma relação de consumo.

Para uma corrente, conforme definição disposta no art. 3º, § 2º, da Lei n. 8.078/90, o locatário é destinatário final do serviço que presta o locador, mediante uma contraprestação, que no caso é o aluguel.

Para uma segunda corrente, não há relação de consumo, pois não há de se dizer em qualquer prestação de serviços por parte do locador, salvo as hipóteses de locações em apart-hotéis, residenciais e semelhantes, pois, nestes casos, como já estudamos, não incide a lei de locações.

Apesar de serem louváveis as intenções e inovações também introduzidas pela lei de consumo, não deve prosperar a primeira corrente, pois, a nosso sentir, trata-se de relações jurídicas distintas e especiais.

Torna-se necessário, entretanto, que os valores e a interpretação do texto legal, corolário ao Código de Defesa do Consumidor, sejam em favor da parte hipossuficiente, que no caso das locações é o locatário.

Nesse mesmo sentido, encontra-se o professor *Sylvio Capanema de Souza*[3], que completa ainda dizendo que "o princípio da boa-fé, tão fortalecido e resgatado, pelo Código de Defesa do Consumo, deve também inspirar a aplicação da Lei do Inquilinato, preservando seu equilíbrio econômico".

Contudo, o ponto mais conflitante da aplicabilidade ou não da lei de consumo nas relações locatícias está no tocante à multa moratória pelo atraso no pagamento do aluguel.

O locatário gozará do direito expresso pelo Código de Defesa do Consumidor (Lei n. 8.078/90) com fulcro no art. 52, § 1º, no qual se veda a cobrança de multas no valor superior a 2% do valor da prestação, ou se preservará a multa estipulada nos contratos de locação?

Para essa primeira questão, deixemos o ilustre advogado e presidente da Associação Brasileira de Advogados do Mercado Imobiliário – ABAMI, *Geraldo Beire Simões*, em artigo publicado em seu *site* (http://www.mercadantesimoes.com.br/Materia2.asp), expor a matéria de maneira brilhante:

> *Antes, porém, é conveniente gizar-se que o Código de Defesa do Consumidor regula a relação jurídica de quem adquire ou utiliza produto ou serviço como destinatário final (art. 2º), sendo certo que também define que "fornecedor é toda pessoa física ou jurídica, pública ou privada, nacional ou estrangeira, bem como os entes despersonalizados, que desenvolvem atividades de produção, montagem, criação, construção, transformação, importação, exportação, distribuição ou comercialização de produtos ou prestação de serviços". (art. 3º).*
>
> *Pela simples leitura dessas definições legais constata-se que o locador não se enquadra na figura de fornecedor, porque não desenvolve nenhuma das atividades elencadas no apontado artigo 3º da Lei n. 8.078/90, e nem o locatário porque não adquire ou utiliza produto ou serviço emanado do locador.*

Outra corrente entende que a multa prevista em contrato deverá ser mantida nas decisões judiciais, visando à preservação do prin-

---

[3] 2000, p. 10 *et seqs.*

cípio da liberdade de contratar das partes e à segurança jurídica do negócio.

Ainda, seguindo esta mesma corrente, pelo contrato de locação ser um pacto entre particulares, e tendo em vista que a Lei do Inquilinato não regulou a multa pelo atraso, optando pela discricionariedade dos contratantes, não é o Estado que sentenciará contrariamente àquilo que fora avençado.

Portanto, para essa última corrente, é legal a multa de 10% ou de 20%, desde que esteja no pacto.

Se prosperasse a lei de consumo, que atormenta hoje os gestores de edifícios, p. ex., se aplicássemos a multa de 2%, no caso de mora no pagamento do aluguel, como ocorre nas cotas condominiais, haveria um aumento crescente de inadimplentes, o que colocaria instável o mercado locatício, prejudicando tanto o locatário, que teria poucas opções para locação, já que o proprietário não colocaria o seu bem para alugar, com o risco de não ter a contraprestação do aluguel.

Atualmente, os tribunais têm entendido que para estes casos não se aplica a lei de consumo. Sobre o percentual a ser aplicado, as decisões recentes convergem para a condenação de 10%, independentemente de no contrato constar penalidade a maior.

2.5. A Locação e os Juizados Especiais

Além da lei de locações, objeto de estudo, a legislação que introduziu os juizados especiais trouxe oxigenação para nosso ordenamento jurídico, antes tão mais exacerbado de processos, sendo objeto de insatisfações e fuga dos jurisdicionados.

A lei do inquilinato, antecipando-se a esses novos tempos, estatuiu em seu art. 80 que "para os fins do inciso I do art. 98 da Constituição Federal, as ações de despejo poderão ser consideradas como causas cíveis de menor complexidade".

Não existe ainda pacificação na doutrina e nos tribunais sobre a natureza jurídica da competência dos Juizados Especiais.

Corroborando nesse sentido, citamos o professor *Sylvio Capanema*[4], a saber:

> *Seja como for, sempre nos pareceu difícil adequar-se o rito especial das ações locatícias, com vários de seus incidentes, ao sistema concentrado dos Juizados Especiais. Para lembrar um único exemplo basta citar a ação de despejo por falta de pagamento, cujo incidente da emenda da mora, e do seu prosseguimento, havendo impugnação do depósito, dificilmente se adaptaria à celeridade e informalidade do rito dos Juizados Especiais. Nas ações de revisão de aluguel e renovatórias, em que a rainha das provas é a pericial, seria quase impossível bem decidi-las, em sede dos Juizados Especiais, onde não se procede à vistoria tradicional.*

Ou seja, por força do art. 80 da Lei de Locações, as ações de despejo são consideradas como causas cíveis de menor complexidade, podendo ser ajuizadas nos juizados especiais. Contudo, pela complexidade das matérias de locação, como já bem comentou o professor *Capanema*, a doutrina e jurisprudência têm entendido que só caberá Juizados Especiais quando o motivo para a retomada do imóvel seja pelo término contratual. É óbvio que não há necessidade de maiores provas, além do contrato, para se conseguir demonstrar nos autos, o direito do locador em retomar o imóvel após o término do prazo determinado.

---

[4] 2000, p. 08 *et seqs.*

CAPÍTULO 3

Do Contrato de Locação

3.1. Conceito e Classificação

De forma geral, o contrato de locação é um negócio jurídico firmado entre as partes, locador e locatário, produzindo os efeitos estipulados no referido instrumento.

O objetivo principal do contrato é transferir a posse de um bem imóvel para outrem, mediante uma contraprestação mensal.

Quanto ao tempo de duração, o contrato de locação é de execução continuada, por isso pode sofrer desequilíbrio em decorrência de mudanças econômicas e políticas, devendo as partes socorrer-se dos instrumentos legais, consagrados na Lei do Inquilinato, como, p. ex., da "Ação Revisional de Aluguel", como veremos mais à frente.

Como já citado, é primordial que em todo contrato de locação haja partes. Essas partes podem ser entre pessoas naturais ou jurídicas, capazes ou incapazes, sendo que estes últimos deverão estar assistidos ou representados legalmente.

Pode haver também multiplicidade de locadores e locatários, como dispõe o art. 2º da Lei n. 8.245/91, *in verbis*: "Havendo mais de um locador ou mais de um locatário, entende-se que são solidários se o contrário não se estipulou."

O locador não necessita ser o proprietário do imóvel. Podem figurar como locador, p. ex., o promissário comprador ou cessionário, o usufrutuário, o possuidor, o fiduciário, o próprio locatário, nos casos de sublocação, etc.

Com o aperfeiçoamento do contrato e a disponibilidade da coisa para o locatário, transfere-se a posse direta, ficando o locador com a posse indireta. Isso significa dizer que o locatário poderá socorrer-se dos institutos possessórios em face de terceiros, bem como em face do próprio locador.

De forma minuciosa, faremos a classificação e discorreremos sobre os elementos essenciais para a formação de um contrato de locação. Quanto à classificação:

a) bilateral – há obrigações recíprocas, entre locador e locatário;
b) oneroso – tem cunho financeiro, pois cada contraente busca obter vantagem;
c) comutativo – as vantagens são equânimes e conhecidas com o ato contratual;
d) consensual – uma vez que não depende de forma especial prevista em lei;
e) de execução continuada – pois se procrastina ao longo do tempo.

Quanto aos elementos essenciais:

a) consentimento válido – é o consenso das partes para a realização do negócio jurídico sem erro, dolo, lesão, estado de perigo, coação, ou outros vícios;
b) capacidade dos contraentes – para que o consentimento acima seja válido, as partes devem possuir capacidade civil, ou seja, que tenham capacidade de adquirir direitos e contrair obrigações. Cabe-nos dizer que o contrato de locação é ato de administração do imóvel, logo, diferentemente do caso de uma alienação, não há necessidade de vênia conjugal, podendo, assim, o marido ou a sua esposa figurarem – isoladamente – como locador.

No caso dos incapazes, ensina-nos a professora *Maria Helena Diniz*[1]:

> *Os absoluta e relativamente incapazes só poderão alugar se representados ou assistidos pelos seus representantes legais. Para que alguém possa ceder o uso da coisa, será necessário que, além da capacidade para exercer os atos da vida civil, tenha a livre disposição do direito de dar o uso e gozo da coisa e não apenas o direito de transferi-la. Assim, todo aquele que puder administrar poderá alugar; poderão dar a coisa em locação o enfiteuta, o credor anticrético, o sublocador, porque têm a posse direta e a administração da "res". Os posseiros, p. ex., não poderão alugar, porque sua posse não tem legitimidade jurídica.*

c) remuneração – é o aluguel que o locatário terá de pagar mensalmente pelo uso da coisa. O aluguel, entretanto, não poderá ser simbólico, irrisório, pois poderá caracterizar fraude;

d) prazo – como qual negócio jurídico, deverá o contrato de locação possuir prazo, seja ele determinado ou indeterminado. No caso da legislação pátria, não há restrição legal para o período máximo para as locações. O que há na lei do inquilinato, contudo, é a exigência de que nas locações com prazo superior a dez anos haja vênia conjugal, como segue: "Art. 3º O contrato de locação pode ser ajustado por qualquer prazo, dependendo de vênia conjugal, se igual ou superior a dez anos. Parágrafo único. Ausente a vênia conjugal, o cônjuge não estará obrigado a observar o prazo excedente."

Nas locações ajustadas verbalmente, o legislador pátrio fixou que o prazo de vigência é indeterminado, conforme art. 47, *caput* da Lei n. 8.245/91, a saber: "Art. 47. Quando ajustada verbalmente ou por escrito e com prazo inferior a trinta meses, findo o prazo estabelecido, a locação prorroga-se automaticamente, por prazo indeterminado, somente podendo ser retomado o imóvel (...)".

Como podemos constatar na parte final do artigo transcrito acima, o legislador também impôs restrições para a retomada do imóvel,

---

[1] 2008, p. 07 *et seqs*.

para aqueles locadores que firmaram contratos com prazo inferior a trinta meses. Logo, evitando essa dificuldade de retomada, é de praxe no mercado que todas as locações residenciais sejam firmadas no prazo de trinta meses. Assim, o locador terá direito à chamada "Denúncia Imotivada". Ou seja, de acordo com o art. 46, *caput* e § 2º da Lei do Inquilinato, o locador, nas locações com prazo igual ou superior a trinta meses, terá o direito de retomar o imóvel quando findo esse prazo, sem a necessidade de alegar e comprovar o motivo. Nesse caso, o locatário estará obrigado a desocupar o imóvel no prazo máximo de 30 dias. *In verbis*: "Art. 46. Nas locações ajustadas por escrito e por prazo igual ou superior a trinta meses, a resolução do contrato ocorrerá findo o prazo estipulado, independentemente de notificação ou aviso. § 2º Ocorrendo a prorrogação, o locador poderá denunciar o contrato a qualquer tempo, concedido o prazo de trinta dias para desocupação."

3.2. Direitos do Locatário

3.2.1. Preferência

A contrario senso, a locação de um imóvel não inibe o locador, seja ele proprietário, usufrutuário, etc., como já comentamos, de dispor do seu domínio sobre a coisa. Em outras palavras, nada impede o locador de vender o seu bem, mesmo nos casos em que o contrato locatício esteja no prazo determinado.

Contudo, havendo esse interesse do locador, a lei expressamente garante ao locatário, que é o possuidor direto da coisa, que este seja preferido na aquisição, evitando assim um desalijo desnecessário.

Na Lei do Inquilinato, o instituto está disposto no art. 27, *caput* e no parágrafo único, com a seguinte redação: "Art. 27. No caso de venda, promessa de venda, cessão ou promessa de cessão de direitos ou dação em pagamento, o locatário tem preferência para adquirir o imóvel locado, em igualdade de condições com terceiros, devendo o locador dar-lhe conhecimento do negócio mediante notificação judicial, extrajudicial ou outro meio de ciência inequívoca. Parágrafo único.

A comunicação deverá conter todas as condições do negócio e, em especial, o preço, a forma de pagamento, a existência de ônus reais, bem como o local e horário em que pode ser examinada a documentação pertinente."

Conclui-se, assim, que essa cláusula é indisponível. Ou seja, mesmo havendo previsão contratual em que o locatário abdique desse direito, existe disposição que afunila tal previsão leonina, declarando-a nula, conforme preceitua o art. 45, *caput*. Transcrevemos: "Art. 45. São nulas de pleno direito as cláusulas do contrato de locação que visem a elidir os objetivos da presente lei, notadamente as que proíbam a prorrogação prevista no art. 47, ou que afastem o direito à renovação, na hipótese do art. 51, ou que imponham obrigações pecuniárias para tanto."

Não cabe também qualquer recurso para inibir a alienação do imóvel locado, pois se trata de um direito constitucionalmente protegido do locador (Direito à Propriedade). Seguindo a coerência jurídica, neste caso não há de se falar nem em indenização por perdas e danos em favor do locatário, já que não há ato ilícito do locador.

É importante dizer que esse direito que o locatário goza não é disponível, ou seja, não poderá ser objeto de qualquer negócio jurídico, como assim esclarece o professor *Capanema*[2]:

> *"Assinale-se que o direito de preferência do locatário é personalíssimo, não podendo ser por ele cedido a terceiro, onerosa ou gratuitamente."*

Para melhor aplicação dessa regra legal, é mister identificar as hipóteses aludidas na primeira parte do *caput* do art. 27. A lei é clara no sentido de que o direito de preferência decorre não só quando da venda do bem, mas inclui também a promessa de venda, a cessão ou promessa de cessão de direitos ou dação em pagamento.

No primeiro negócio jurídico, o da "venda", o legislador se refere ao contrato firmado de "compra e venda" (art. 481, *caput* do CC).

A "promessa de venda" nada mais é do que um contrato preliminar, no qual uma parte promete, mediante uma contraprestação, vender o bem a outrem, que se vincula na compra.

---

[2] 2000, p. 209 *et seqs*.

A cessão referida no dispositivo ora comentado, alude à transferência onerosa dos direitos aquisitivos. Esses direitos possuem natureza de direito real.

Por fim, essa proteção legal que o locatário possui refere-se à "dação em pagamento". Este instituto é uma forma que o devedor possui para saldar sua dívida, desde que haja a anuência do credor, em substituição a uma outra prestação avençada.

Essa perempção garante ao locatário igualdade de condições em face de terceiros, dando a lei uma proteção àquele que já se utiliza do bem, seja para desenvolver sua atividade profissional, seja para a sua residência.

Evitando-se práticas ao arrepio da lei, o legislador em boa hora regulamentou a forma pela qual essa preferência deveria ser adotada pelo locador e exercida pelo locatário.

Na parte final do *caput* do art. 27, obriga o locador a dar ciência ao locatário, por meio de notificação judicial, extrajudicial ou outro meio de ciência inequívoca.

A notificação judicial, por óbvio, é realizada por meio da inicial, e deverá ser postulada por meio de um advogado em requerimento ao juízo.

Na notificação extrajudicial, notificar-se-á o locatário por meio do Cartório de Títulos e Documentos. O outro meio de ciência inequívoca expressa nessa parte do artigo os doutrinadores citam a forma de ciência por meio de carta simples, desde que possua o protocolo de recebimento do locatário.

Ao analisarmos o parágrafo único do art. 27, verifica-se que o legislador regulou a forma e o conteúdo dessa comunicação ao locatário. Ou seja, nessa notificação, o locador deverá expressar o preço do bem, a forma de pagamento, a existência de ônus reais, bem como o local e horário em que poderá examinar a documentação pertinente ao negócio.

Na passagem a seguir, o professor *Sylvio Capanema de Souza*[3] comenta a importância e os efeitos da comunicação prévia aludida no parágrafo anterior. A saber:

---

[3] 2000, p. 212 *et seqs.*

> *Se da notificação não constarem as informações elencadas na lei, bem como outras, eventualmente necessárias, não está ela apta a produzir os seus efeitos, podendo o locatário exigir que se complementem os dados, sem que esteja fluindo o prazo para a resposta, que só será iniciado a partir do momento em que sejam completadas as informações.*

Cumpridas as condições para o exercício da perempção, o direito do locatário caducará se não manifestar sua aceitação integral à proposta do locador, no período peremptório de 30 (trinta) dias.

Essa não manifestação poderá ser tácita. Ou seja, permanecendo o locatário silente depois de decorrido esse prazo decadencial, o locador estará livre para realizar o negócio junto a terceiros.

No mesmo sentido, corrente doutrinária majoritária entende que o locatário, realizando resposta contrapropondo outra forma ou valor do negócio, não suspende ou interrompe o prazo decadencial. Em outras palavras, o legislador não admitiu qualquer forma de burlar a lei, com o propósito de procrastinar o direito do locador em alienar o seu bem.

Corroborando nesse sentido, citamos parte da recente obra da professora *Maria Helena Diniz*[4]:

> *O direito de prelação caducará se não for exercido nos trinta dias subsequentes àquele em que recebeu a proposta do locador. Esse prazo decadencial é peremptório, e inadmissível será sua dilação ou prorrogação. Se assim não fosse, surgiria para o inquilino o direito de procrastinar indefinidamente seu direito de preferência, o que lesaria o senhorio, cerceando-o na faculdade de dispor do que é seu.*

De tudo já comentado neste tópico, o que palpita maiores controvérsias diz respeito aos efeitos da desistência do negócio.

Para o locatário, pelo princípio da boa-fé, a desistência do negócio acarreta a obrigação de indenizar o locador.

No caso contrário, ou seja, havendo desistência do negócio por parte do locador, questiona-se se esse arrependimento não vincula o locador e o compele a realizar o negócio, inclusive podendo o locatá-

---
[4] 2008, p. 126 *et seqs.*

rio, em ação própria, ingressar em juízo com a ação substitutiva de vontade.

Para o professor *Capanema*, esse entendimento está incorreto. Em sua obra, o mestre responde a essa indagação, dizendo que "a oferta não constitui contrato preliminar e se resolve em perdas e danos".

Em suma, havendo desistência, seja para adquirir, seja para alienar o imóvel, o desistente terá de indenizar a outra parte pelos danos comprovados, sejam eles emergentes ou lucros cessantes.

A lei do inquilinato, entretanto, excepcionou algumas situações em que o locatário não terá a proteção do instituto em tela. A primeira hipótese é no caso em que a alienação decorre de arrematação do bem. Ou seja, sendo executado o bem e levado à praça pública, o locatário não terá o direito de preferência. Contudo, como o leilão é aberto para todos os cidadãos, parece-nos que tal vedação não inibe o locatário, se assim desejar, de participar do lanço.

A segunda hipótese é a da permuta. Sem delongas, o locador, desejando trocar seu imóvel por outro de seu interesse, é desnecessário dizer que o locatário nada poderá fazer.

Na terceira hipótese, a da doação, que é uma alienação a título gratuito, o locador, por mera liberalidade, transfere o bem para a pessoa que lhe convier.

Além das hipóteses referidas, o legislador contemplou os casos de integralização de capital social, cisão, fusão e incorporação. Esses institutos deverão ser mais bem compreendidos à luz do Direito Empresarial.

Por fim, havendo desrespeito por parte do locador em dar preferência de compra ao locatário, poderá acarretar consequências práticas de total relevância, por isso mesmo, dedicaremos um capítulo especial para aprofundamento dessa matéria.

3.2.2. Retenção

O direito de retenção está consagrado no art. 578 do CC e previsto na Lei do Inquilinato em seu art. 35.

Antes de adentrarmos na seara do tema, cumpre-nos conceituar e diferenciar os tipos de benfeitorias reguladas em nosso ordenamento jurídico, a saber: as benfeitorias necessárias (art. 96, § 3º do CC) são obras e/ou reparos realizados no imóvel com intuito de manter sua conservação. Podemos citar como exemplos: substituição de telhado, reparo de vazamento interno, substituição de viga de sustentação do prédio, etc.

Portanto, havendo tais necessidades, o locatário terá o direito de receber indenização pelo valor custeado, bem como, caso não seja ressarcido pelo locador, o direito à retenção, podendo ficar na posse do bem até que o devedor, no caso o locador, lhe pague o valor correspondente.

Cabe-nos enfatizar que tal benfeitoria não necessita de prévia anuência do locador do imóvel, pois se trata de obras de caráter de urgência, apesar de existirem entendimentos diversos, já que a lei do inquilinato possibilita a disposição em contrário (art. 35, *caput*). Para *Sílvio de Salvo Venosa*[5], p. ex., o contrato pode inibir o direito de retenção, *in verbis*:

> O contrato pode excluir indenização até mesmo pela benfeitoria necessária, excluindo também a retenção. Não se nega que o direito de retenção seja afastado pela vontade contratual, pouco importando que decorra de cláusula impressa, se não há vício de vontade. Aliás, essa exclusão contratual é uma constante.

As benfeitorias úteis, capituladas no art. 96, § 2º do CC, constituem obras que têm o intuito de aumentar ou melhorar o uso do bem.

Para esta segunda benfeitoria, podemos exemplificar: construção de garagem; construção de terraço na cobertura; etc.

Nesta hipótese, conforme ainda o art. 35 da Lei n. 8.245/91, o locatário terá o direito de reembolso e, consequentemente, de reter-se na posse do imóvel, se o locador o autorizou previamente.

---

[5] 2004, p. 176 *et seqs*.

Por derradeiro, a última modalidade de benfeitoria é aquela denominada de voluptuária. Está estatuída no art. 96, § 1º do Código Civil, bem como na lei do inquilinato, em seu art. 36. São obras exclusivamente de cunho de embelezamento, para o deleite do possuidor.

Tal benfeitoria, como vimos, é manifestamente subjetiva. Logo, não será indenizável pelo proprietário, que terá a faculdade de retirá-la quando finda ou extinta a locação.

Ultrapassada a fase das benfeitorias, continuamos a comentar sobre o direito em tela. Nas palavras da ilustre professora *Maria Helena Diniz*[6], "a retenção é um direito que assegura o locatário-credor na posse do imóvel do locador, até que este pague os melhoramentos que fez, evitando-se, assim, o enriquecimento ilícito do locador".

Esse instituto tem caráter processual, já que tem como escopo a proteção do possuidor de boa-fé, sendo instrumento de defesa.

O professor *Sylvio Capanema*[7] conclui: "Reconhecido o seu direito ao ressarcimento das benfeitorias (e acessões) realizadas, poderá o locatário conservar o imóvel não se demitindo da posse, até que venha a receber do locador a indenização arbitrada."

No tema abordado, o que mais suscita discussão é a validade ou não de cláusula que exonera o locador da obrigação de indenizar o locatário, mesmo da benfeitoria que não necessita de sua outorga.

Na primeira corrente, formou-se a opinião que tal previsão contratual é nula de pleno direito, já que privilegia o enriquecimento sem causa.

A corrente conflitante, todavia, entende que tal cláusula é válida, pois se trata de matéria de cunho particular, de interesse exclusivo das partes, não podendo o Estado interferir.

Para essa segunda corrente, o regime das benfeitorias, incluindo o direito de retenção, pode ser normalmente alterado, desde que neste sentido convencionem as partes e não haja qualquer disposição legal especificamente vedativa.

---

[6] 2008, p. 153 *et seqs.*
[7] 2000, p. 239 *et seqs.*

Contudo, para a corrente dominante, são válidas tais cláusulas restritivas, já que a própria lei do inquilinato assim excepcionou.

Para o locatário que se sentir lesado, cumpre-nos citar o professor *Capanema*[8]: "Caberia ao locatário, como é óbvio, e em ação própria, de rito ordinário, tentar anular a cláusula, alegando a existência de vício de consentimento, cabendo-lhe o ônus da prova."

3.2.3. Renovatória

O contrato está chegando ao seu final, e a melhor opção para os locatários que possuem interesse em manter-se por mais um período no imóvel, sem se preocupar com uma possível retomada por parte do locador, é a renovação do contrato.

Neste caso, o mais indicado é elaborar junto ao locador ou ao seu representante legal um aditamento contratual, em que se expressará um novo período para aquela locação.

É bom ressalvar que, após o término do contrato, se nenhuma das partes se manifestar contra a locação, o contrato se prorrogará por prazo indeterminado, podendo qualquer das partes (Locador ou Locatário) fazer a denúncia da locação, desde que notifique a outra parte, por escrito, em um prazo legal de 30 dias.

O instituto da renovação compulsória do contrato de locação tem o condão de preservar o chamado "fundo de comércio", adquirido pelo locatário nos contratos não-residencial.

Entende-se como "fundo de comércio" ou, de uma forma mais atual, "fundo empresarial", tudo aquilo reunido pelo locatário por meio do exercício de sua atividade, como, p. ex.: a clientela; a visibilidade do local; as mercadorias; a fama do estabelecimento; etc.

Para melhor compreendermos esse instituto, socorrer-nos-emos do doutrinador *Pedro Nunes*[9], a saber:

> *O fundo de comércio é o conjunto de bens corpóreos e incorpóreos ou uma universalidade de coisas e direitos, ativos e passivos – "universitas facti" – que constituem o patrimônio dos comerciantes: as mercadorias, os*

---

[8] 2000, p. 228 *et seqs.*
[9] 2007, p. 659 *et seqs.*

móveis e semoventes, os utensílios, o título, o ponto e a fama do estabelecimento que se explora, a sua freguesia ou clientela, o contrato de locação, o nome comercial, as patentes de invenção, o registro de marcas de indústria e de comércio etc.

Por sua relevância social, a lei do inquilinato tratou a matéria nos arts. 51 e seguintes. Procurou o legislador preservar não só a economia que gera aquele empreendimento, como a manutenção dos empregos gerados, dos tributos recolhidos, etc.

Contudo, esse direito não é absoluto, como analisaremos mais adiante. Para que exista de fato o direito ao exercício dessa renovação, de forma unilateral, o locatário terá de preencher todos os requisitos legais, a saber: Primeiro, que o contrato de locação a ser renovado tenha sido celebrado por escrito e por prazo determinado (art. 51, I, da Lei n. 8.245/91). Apesar de a locação de imóveis urbanos possuir características especiais, como de ser não formal, nesse caso, especificamente, o legislador excepcionou, obrigando a formalidade para a renovação contratual, bem como que esse contrato tenha sido celebrado por prazo certo, ou seja, com marco inicial e final.

No segundo requisito, o legislador entendeu que, para se justificar essa proteção, é mister que o locatário tenha tido tempo razoável para constituir o já comentado "fundo de comércio". Esse tempo foi arbitrado como sendo de 5 (cinco) anos.

Para a terceira condição a que se refere o inciso III do art. 51, é mister que o locatário esteja explorando o local no mesmo ramo, no prazo mínimo de 3 anos. Indaga-se sobre o termo "ininterrupto", expresso no dispositivo aludido.

Para a professora *Maria Helena Diniz*, a expressão legal não se justifica se a interrupção da exploração tiver sido ocasionada por força maior ou caso fortuito.

O que o legislador quis inibir é que o locatário, buscando invocar esse direito, exerça atividades díspares e queira pleitear uma proteção legal, no caso do "fundo de comércio", que verdadeiramente ainda não constituiu.

Na quarta condição para a renovação, o locatário deverá atentar para os prazos que tem para manifestar sua intenção de renovar e de proteger seu "fundo de comércio", sob pena de decadência.

Ou seja, o inquilino deverá propor ação, presentes os pressupostos já citados, dentro de um prazo máximo de 12 (doze) e, no mínimo, de 6 (seis) meses antes do término do contrato de locação.

Por ser prazo decadencial, não se admite suspensão ou interrupção das condições aludidas no parágrafo anterior.

O direito à renovação, por inteligência legislativa, não foi outorgado somente para os locatários. Na ausência do locatário, a legislação locatícia abarca outros detentores desse direito, a saber: Um, o cessionário ou sucessor do locatário. Neste caso, o cessionário que a legislação citou foi para proteger aquele que continua com a atividade explorada pelo então locatário, consagrando a preservação de quem criou e agora de quem está mantendo o "fundo de comércio".

Para melhor entendermos esse assunto, citaremos abaixo a doutrinadora *Maria Helena Diniz*[10], a saber:

> *Imprescindível será, portanto, para que cessionário ou sucessor seja titular do direito à renovação compulsória, que a transferência seja do ponto comercial ou industrial, isto é, da atividade empresarial explorada pelo locatário anteriormente. Trata-se de cessão ou sucessão no estabelecimento empresarial e não na locação. Se, p. ex., o inquilino apenas ceder à locação sem transferir o estabelecimento comercial, o cessionário não terá, de per si, o direito à renovação (RT, 331:204, 357:191, 419:358), mas poderá ter a legitimidade ativa para mover ação renovatória se o tempo remanescente lhe possibilitar formar fundo de comércio próprio pela exploração de uma atividade mercantil ininterruptamente por três anos. Ter-se-á aqui, evidentemente, uma exceção ao princípio de que ao cessionário ou sucessor na locação comercial, não se confere o direito à renovação compulsória.*

Também os sublocatários poderão pleitear a renovação do contrato, por meio desse instituto. Essa previsão existe para proteger na verdade quem constitui verdadeiramente o "fundo de comércio", neste caso, havendo sublocação, o sublocatário.

---

[10] 2008, p. 234 *et seqs.*

Três, o locatário ou a sociedade de que faz parte. Ou seja, se o locatário fizer parte de sociedade empresária, poderá a sociedade figurar no pólo ativo de uma ação renovatória.

O quarto, o sócio sobrevivente, se houver término da sociedade por morte de um dos sócios. Ou seja, o sócio que sobreveio se sub-rogará no direito à renovatória.

Como já citamos anteriormente, o direito à renovação do contrato não é absoluto. O locador poderá resistir a essa pretensão, caso o locatário não preencha os requisitos legais e caso também a retomada seja justa, conforme elenca a citada lei.

A retomada para realização de obras determinadas pelo poder público é a primeira hipótese de retomada justa, elencada no inciso I do art. 52 da Lei do Inquilinato. Deve-se entender por obras urgentes as que não possam ser realizadas com a permanência do locatário. Ou seja, para se evitar um dano maior, o legislador afunila esse instituto e veda a renovação unilateral.

Na segunda parte do inciso ora em estudo, é que pairam as maiores controvérsias. Para o jurista *Sylvio Capanema de Souza*[11], a redação do atual artigo foi infeliz e se presta a interpretações dúbias acerca do direito do locador de retomar o imóvel para a realização de modificações que aumentem o valor do negócio ou da propriedade.

Continua o autor:

> *Por outro lado, o "negócio" é do locatário, ou seja, é a atividade por ele explorada. Não vemos, assim, como poderia o locador justificar a retomada com a realização de obras ou modificações que aumentassem o valor do negócio do locatário, o que seria incoerente. A única interpretação possível é que, em tal situação, a modificação pretendida alcance o prédio como um todo, e isto venha a beneficiar o negócio que nele já explore o locador, em outro local, ou sem sua proximidade.*

No inciso II do art. 52 da Lei do Inquilinato ora em exame, admite-se a retomada do imóvel por parte do locador, caso seja para uso próprio ou para transferência de "fundo de comércio" existente há

---

[11] 2000, p. 342 *et seqs.*

mais de um ano, sendo este detentor da maioria do capital, estendendo tal prerrogativa ao seu cônjuge, ascendente ou descendente.

Percebemos que o legislador também visou a privilegiar o empreendimento do locador. Contudo, fez algumas ressalvas para tanto.

Com claro objetivo de se evitar o oportunismo, a legislação ressalvou a destinação que o locador e os outros legitimados terão para estabelecer em seus negócios. Não poderá o locador exercer a mesma atividade do locatário, salvo raríssimas exceções, como bem comenta o professor *Capanema*[12]:

> *Admite-se a retomada para o mesmo ramo explorado pelo locatário quando a locação também envolve o próprio fundo de comércio, com suas instalações e pertences. É o caso específico daqueles imóveis que, por suas características físicas, só se prestem a um determinado ramo de atividade, e assim já sejam locados, como por exemplo, postos de gasolina, cinemas, teatros, hotéis, e outros, em que seria impossível, ou, pelo menos, muito oneroso, modificar sua destinação, o que importaria em quase demoli-los. (p. 348. Da Locação do Imóvel Urbano).*

Contempla, por fim, a hipótese em que o locador de "Shopping Center" não poderá recusar a renovação do contrato com fundamento de utilizar-se em benefício próprio, já que não é da natureza do empreendedor de "shopping" o exercício direto de uma determinada atividade comercial. Ou seja, o empreendedor desse negócio só poderá recusar-se à renovatória se for com fundamento no inciso I, ou seja, a recusa se dá em função das obras que aumentarão a arrecadação do empreendimento.

Como já discorrido em outros tópicos, não é razoável entender que, não preenchidos os requisitos legais e havendo resistência por parte do locador em renovar a locação, este deverá indenizar o locatário pelos prejuízos causados, como, p. ex., a perda de freguesia.

Dizemos isso, pois a lei civil só pune ato ilícito, gerando uma responsabilidade de indenizar de quem causou a lesão. Se a resistência do locador for lícita, não há de se falar em indenização, já

---

[12] 2000, p. 348 *et seqs*.

que a resistência à renovatória contratual é ato inerente ao direito à propriedade.

Contudo, para que não gere esse dever de indenizar, o locador deverá, ao retomar o imóvel e colocar em prática a destinação que motivou seu pedido.

3.2.4. Revisional de Aluguel

O locador e o locatário poderão, em qualquer tempo, acordar sobre o valor da locação do imóvel. Ou seja, na forma extrajudicial que capitula o *caput* do art. 18 da Lei do Inquilinato. Atualmente, com a grande oferta de imóveis para locação, os valores dos aluguéis estão praticamente estáveis.

Por força da Lei nº 10.192, de 14 de fevereiro de 2001, a periodicidade dos reajustes dos alugueres, previstos em contratos, só poderá ocorrer anualmente. Os índices poderão ser adotados por livre vontade das partes, não podendo, contudo, ser realizado de acordo com a variação cambial ou o salário mínimo (art. 17 da Lei do Inquilinato).

No mercado, os índices mais usuais são o IPC e o IGP-M, pois geralmente são os mais elevados.

Caso o locatário deseje permanecer no imóvel locado, e não consiga de forma amigável a manutenção ou redução do valor do aluguel, este poderá, caso já possua 3 (três) anos de locação, ou do último acordo, postular em juízo com uma ação chamada de "Revisional" (art. 19 da Lei do Inquilinato), pleiteando, assim, a restauração do equilíbrio contratual.

Feito isso, o juiz nomeará um perito que avaliará o imóvel, arbitrando um valor para a continuidade da locação.

É bom frisar que esse instituto poderá ser invocado não só pelo locatário, mas também pelo locador.

A ação revisional, no conceito de *Sylvio Capanema de Souza*[13], tem por escopo restaurar a comutatividade inaugural do contrato, evitando assim a onerosidade excessiva.

---

[13] 2000, p. 151 *et seqs.*

Fica a discussão portanto, se, para a revisão do aluguel, é mister a observância do prazo mínimo estipulado em lei ou se poderá ingressar em juízo, mediante a comprovação da onerosidade excessiva do contrato, sob a luz da vedação legal do enriquecimento sem causa.

Apesar de a matéria estar longe de estar pacificada, vozes importantes entendem que o prazo trienal estabelecido em lei deverá ser uma condição para a ação. Ou seja, não havendo o triênio, o juiz decretará a carência da ação, seja por ofício, seja por arguição do réu.

Outra discussão que ainda paira sobre esse instituto é sobre a possibilidade ou não de haver cláusula que vede as partes de invocar a revisão.

O Supremo Tribunal Federal, na Súmula n. 357, entende que é lícita tal renúncia, desde que a finalidade seja comercial.

Para ilustres doutrinadores, entretanto, tal cláusula contratual estaria colidindo com os objetivos fundamentais da lei do inquilinato. Logo, com base no art. 45 da mesma lei, tal vedação seria nula de pleno direito.

3.2.5. Das Locações Privilegiadas

Tendo em vista a finalidade de cunho social, seja esta de aspecto assistencial, seja educacional. Algumas locações estão envolvidas em uma proteção especial, visando à preservação daquela atividade dita essencial, conforme dispõe o art. 53 da Lei do Inquilinato.

Essa proteção, contudo, se refere exclusivamente à limitação imposta pelo legislador, para a retomada do imóvel por parte do locador, já que é de interesse público a manutenção daquela atividade.

Ou seja, estando a locação em atividade elencada no *caput* do aludido artigo, o locador só poderá retomar o imóvel nas hipóteses a seguir:

a) por inadimplemento contratual ou legal;
b) havendo descumprimento de mútuo acordo;
c) por decisão do Poder Público, para a realização de obras urgentes, que não possam ser levadas a efeito com a permanência do inquilino no imóvel;

d) para demolição, edificação ou reforma que aumente, no mínimo, 50% a sua área útil.

Contudo, sem delongas, alguns doutrinadores criticam esse excesso de proteção, pois, para estes, acarreta efeito contrário ao esperado. Ou seja, oneram as locações, fazendo com que os empreendedores e os locadores em geral se sintam receosos, desestimulados em firmar as locações de seus imóveis para essas entidades, pois sabem que dificilmente conseguirão retomá-los.

Passaremos a seguir a estudar detalhadamente as atividades em que a lei do inquilinato tratou especialmente, ou seja, mais conhecidas como as "locações privilegiadas". Comecemos pela modificação introduzida pela Lei n. 9.256/96. Essa lei incluiu a atividade religiosa como também sendo uma locação especial.

Nota-se, entretanto, que não basta que a atividade seja de cunho religioso. Essas entidades devem promover assistência social periódica. E ainda, tal assistência deverá ser objeto de seus respectivos atos constitutivos.

Quando o legislador cita os "hospitais", devemos compreender como sendo aqueles espaços que são destinados às atividades de forma permanente, no tratamento e internação de pessoas, sendo mister que esteja exercendo funções da administração direta. Ou seja, não haverá proteção desse instituto para os laboratórios, clínicas particulares, casas de repouso, etc.

As unidades sanitárias também citadas pelo artigo deverão ser autorizadas por órgãos públicos. Neste caso, incluem-se os postos médicos, de atendimento especial, etc.

Os estabelecimentos de ensino, na esteira do que já foi citado nos parágrafos anteriores, também deverão ser autorizados pelo Poder Público. Só englobarão aquelas atividades que ministram instruções periódicas, com férias próprias. Conclui-se daí que não estão cobertas as academias de ginástica, cursos de idiomas, etc.

Por fim, mas sem ser menos importante, discute-se em especial a aplicabilidade ou não dessa proteção legal para as atividades de pré-escola e as creches.

Dirimindo a questão, ensina-nos o professor *Capanema*[14]:

> Se as creches se destinarem apenas à guarda das crianças ali entregues por seus responsáveis, enquanto se encontram privados de tê-las em sua companhia, geralmente em razão de seu trabalho, não lhes sendo ministrada qualquer instrução, e ali só se exercendo atividades de recreação ou de guarda, cuidado, higiene e alimentação dos menores, entendemos que não se aplica a regra do art. 53, sendo considerada comum a locação. O mesmo raciocínio se aplica aos chamados "cursos maternais".

3.3. Das Garantias Locatícias

Já foi o tempo em que o corpo do devedor respondia pelas suas obrigações, podendo inclusive ser levado à escravidão e até a morte, como na época de Roma. Com a evolução da sociedade, o Homem passou a criar institutos para garantir a efetividade do débito ao credor, sem ter a necessidade de atingir a própria pessoa, criando-se uma maior segurança jurídica. Daí, vimos nascer o "Direito Real de Garantia", como, p. ex., a "Hipoteca", que será objeto de estudo em uma obra específica sobre o "Direito das Coisas".

O termo "garantia", para *Tucci* e *Villaça Azevedo*[15], é "o reforço jurídico, de caráter pessoal ou real, de que se vale o credor, acessoriamente, para aumentar a possibilidade de cumprimento, pelo devedor, do negócio principal".

No caso das locações, encontramos as duas espécies de garantia. Ou seja, as garantias pessoal e real, como comentaremos mais adiante.

É vedada, e constitui Contravenção Penal, a exigência, por parte do locador, de mais de uma modalidade de garantia na mesma locação, como rezam os arts. 37 e 43 da Lei n. 8.245/91.

Não havendo qualquer garantia para locação, é lícita a cobrança de aluguel e encargos de forma antecipada. Ou seja, o locatário, de forma excepcional, deverá pagar o aluguel ao locador antes de residir

---

[14] 2000, p. 356 *et seqs.*
[15] 1985, p. 329 *et seqs.*

ou de se utilizar para o desenvolvimento de sua atividade profissional (art. 42, *caput* da Lei n. 8.245/91).

3.3.1. Da Garantia Fidejussória ou Pessoal

Essa garantia ocorre quando terceiros assumem perante o credor (locador) as obrigações contraídas pelo devedor (locatário). O exemplo mais tradicional é o "Fiador". Outro exemplo também é o "Seguro-Fiança".

Começaremos a discorrer sobre a figura do fiador, a saber: representando quase 80% das garantias em nível nacional, o fiador, seja pessoa física ou jurídica (esta necessitando de autorização expressa em seus atos constituídos), geralmente é o detentor de bens que deverão abarcar, quando de uma execução, a totalidade da dívida aferida.

Há geralmente uma confusão entre os leigos, no sentido de entender que é o imóvel do fiador a garantia contratual e que, por isso, este não poderá aliená-lo enquanto a locação estiver em curso. Daí nos cabe realizar dois comentários: primeiro, como bem estamos estudando, a garantia do fiador é pessoal. Ou seja, o(s) seu(s) bem(ns) não está(ão) gravado(s) com a locação. Segundo, sendo pessoal, nada obsta a alienação de seus bens, já que é vedada a exigência de duas garantias em um mesmo contrato.

Contudo, o fiador, alienando todos os seus bens, o que colocaria em risco o seu papel de garantidor, abre vistas para que o locador, com fulcro no inciso III do art. 40 da Lei do Inquilinato, possa exigir do locatário a substituição da garantia inicial.

Nesses últimos anos o mercado locatício esteve atormentado por decisões isoladas que, com a devida vênia, foram prolatadas equivocadamente. Uma, em decisão monocrática do então ministro do STF, Carlos Veloso, ao justificar a não recepção do dispositivo da Lei n. 8.009/90, a lei do "bem de família", sustentou que o fiador não poderá responder pelo bem único.

Com isso, o mercado começou a exigir dos locatários a presença de fiadores com mais de um imóvel na cidade da situação do imóvel objeto da locação. Caros leitores, imaginemos: se, para se conseguir um fiador com título de propriedade imobiliária já é uma tarefa árdua para os locatários, como seria a busca de um fiador com vários bens imóveis? Por óbvio, essa necessidade representou um entrave muito grande para a realização dos negócios, "engessando" o mercado.

Depois de muita luta dos órgãos e dos homens do mercado imobiliário, enfim, surgiram outras decisões daquela mesma corte, em que, até o momento, se pacificou o assunto, entendendo pela constitucionalidade da penhorabilidade do bem de família nos contratos de fiança locatícia, consagrando o que já estava exposto na Lei n. 8.009/90.

A segunda tormenta ocorreu com interpretações errôneas acerca da Súmula n. 214 do STJ, a qual transcreveremos: "O fiador na locação não responde por obrigações resultantes de aditamento ao qual não anuiu." Alguns julgadores interpretaram essa súmula, dizendo que, nos casos das locações por prazo indeterminado, o fiador estará desobrigado, podendo, com um simples aviso ao locador, exonerar-se da fiança, ficando a locação sem garantia. Essa interpretação colidia com a própria lei do inquilinato, que estatui em seu art. 39, *caput*: "Salvo disposição contratual em contrário, qualquer das garantias da locação se estende até a efetiva devolução do imóvel."

Para extirpar qualquer controvérsia, citaremos um artigo sobre o assunto, do advogado e atual presidente da Associação Brasileira de Advogados do Mercado Imobiliário – ABAMI, a saber:

> *Correta a disposição da Súmula 214, porque não se pode imputar ao fiador qualquer obrigação acertada entre o locador e o locatário sem que, ele fiador, tenha anuído.*
>
> *Acontece que determinados julgadores, até mesmo Ministros do STJ, passaram a emprestar a essa Súmula 214 interpretações inteiramente equivocadas, como aquelas que entendiam que a prorrogação da locação, decorrente de disposição expressada no § 1º do art. 46 da Lei n. 8.245/91, segundo o qual "findo o prazo ajustado, se o locatário continuar na posse do imóvel alugado por mais de trinta dias sem oposição do locador, presumir-se-á prorrogada a locação por prazo indeterminado, mantidas as demais cláusulas e condições do contrato". A mesma idéia está prevista no parágrafo único do art. 56 da Lei n. 8.245/91.*

> *Ora, atinge as raias do absurdo entender-se, como alguns entendiam, que essa prorrogação do prazo da locação, mantidas as condições do contrato, importaria em "aditamento" ao qual o fiador não teria anuído.*[16]

Atualmente, pelo menos no Tribunal de Justiça do Estado do Rio de Janeiro, o assunto foi pacificado por meio da Uniformização de Jurisprudência, no sentido de que: "Nos contratos de locação responde o fiador pelas obrigações futuras após a prorrogação do contrato por prazo indeterminado se assim anuiu expressamente e não se exonerou na forma da lei."

No que tange à segunda hipótese de garantia pessoal, abordaremos o Seguro-Fiança. Essa garantia está prevista no art. 41 da Lei do Inquilinato, e regulamentada por meio da Circular n. 1, datada de 14/01/1992, emitida pela Superintendência de Seguros Privados.

Consiste em se garantir ao locador o ressarcimento pelo inadimplemento do locatário. Conforme o art. 41, *caput* da Lei do Inquilinato, essa garantia deverá abranger a totalidade das obrigações contratadas pelo locatário, não podendo ser parcial. P. ex.: o seguro não poderá garantir só o aluguel, se no contrato de locação estiver estipulado a obrigatoriedade de o locatário pagar também a taxa condominial.

O locatário paga o prêmio de forma anual, arcando também, na maioria das vezes, com as coberturas adicionais que são exigidas pelos militantes do mercado. Quais sejam: danos ao imóvel; multa contratual; pintura; etc.

Na prática, a seguradora adianta ao locador o valor de cada aluguel e/ou encargos vencidos, respeitando a ordem dos vencimentos contratuais. Contudo, para que o locador tenha direito a esse ressarcimento, é mister que ele ingresse com pedido de despejo em juízo. Essas custas, todavia, serão também reembolsáveis pela seguradora ao locador.

Pela circular, as seguradoras estão obrigadas a garantir somente até trinta vezes o valor do aluguel mensal, o que pode representar uma garantia parcial à locação, caso o locatário fique inadimplente por um longo tempo.

---

[16] http://www.mercadantesimoes.com.br/RespFiadorLocacaoUrbana.asp

3.3.2. Da Garantia Real

Elencada como sendo a terceira espécie de garantia locatícia, ao lado da já comentada fiança e do seguro-fiança, a caução é gênero, ou seja, desdobra-se em várias espécies.

Por caução podemos entender a hipoteca (bens imóveis e especiais), a anticrese e o penhor (bens móveis), que são direitos reais de garantia disciplinados pelo Código Civil.

A caução é uma obrigação acessória, ou seja, segue a sorte do contrato principal. Assim, extinguindo-se o contrato principal, extingue-se automaticamente a garantia.

Diferentemente do que se pode imaginar, o bem dado em garantia não poderá ser incorporado ao patrimônio do locador, caso haja inadimplência do locatário. Isto porque, pelo nosso ordenamento jurídico, é vedado o chamado "pacto comissório". Para melhor comentar o assunto, citaremos o ilustre doutrinador *Sylvio Capanema de Souza*[17]:

> *É imperioso destacar que o direito positivo brasileiro veda, em caráter absoluto, o pacto comissório, ou seja, a cláusula que permite ao credor, diante do inadimplemento do devedor, incorporar, definitivamente, o bem dado em garantia, ao seu patrimônio.*
>
> *Exige a lei que o bem caucionado seja excutido, mediante o procedimento adequado, com a realização de leilão, quando é ele móvel, ou hasta pública, sendo imóvel, para que se preserve o princípio de que a execução deva ser feita da maneira menos onerosa para o devedor. Isto porque, levado o bem à praça, será possível obter um lance maior que o valor da dívida, quando, então, o saldo apurado será entregue ao devedor, o que já não aconteceria caso fosse ele diretamente apropriado pelo credor.*

A caução tanto pode recair sobre os bens do locatário como de terceiros. Uma das características da garantia real é a chamada "sequela". Ou seja, o gravame, no caso a garantia dada, acompanhará o proprietário do bem, portanto, nada obsta de o bem ser vendido. Contudo, sendo bem imóvel, o novo adquirente poderá perder o investimento, com fulcro na satisfação do crédito de outrem.

---

[17] 2000, p. 235 *et seqs*.

É bom lembrar que a dívida não está vinculada à pessoa do proprietário do bem dado em garantia. Ou seja, o pai do locatário poderá gravar seu imóvel em favor da locação feita pelo filho. Havendo inadimplemento, o patrimônio restante desse pai, no exemplo em tela, não será atingido por essa obrigação.

Tratando-se das espécies de caução propriamente dita, começaremos pela caução em dinheiro (§ 2º, art. 38, da Lei n. 8.245/91). Esta é uma garantia muito utilizada, especialmente pelos proprietários, quando realizam as locações diretamente com o inquilino, ou seja, sem a orientação de um profissional. Todavia, é a modalidade mais frágil existente, pois o legislador, expressamente, limitou essa garantia em até 3 (três) vezes o valor do aluguel.

Nota-se, assim, que nenhuma segurança terá o locador, caso o locatário se torne inadimplente, e opte em continuar a residir no imóvel locado (o que inclusive ocorre normalmente), restando ao locador ajuizar e custear uma ação de despejo, sabendo que, ao seu final, esses três alugueres não serão suficientes para ressarci-lo do longo período de investimento sem retorno, ou seja, sem aluguel e encargos, ocasionando danos irreparáveis.

Outra prática comum nessa modalidade é de o locador reter o chamado "depósito", devolvendo a importância paga pelo locatário ao final do contrato, sem qualquer correção. O legislador, expressamente, nos conduz à forma pela qual essa caução deverá ser tratada. Ou seja, a caução em dinheiro deverá ser depositada em caderneta de poupança, aberta especificamente para esse fim, sendo certo que somente com a assinatura das partes o dinheiro poderá ser sacado.

Nesse caso, todos os frutos (rendimentos) auferidos no período em que o numerário esteve depositado serão revertidos ao locatário, caso não haja inadimplência. Ou seja, nota-se que essa retenção do locador é ilícita, podendo o locatário pleitear perdas e danos.

A segunda espécie de caução é a de bens móveis ou imóveis, conforme preceitua o *caput* do art. 38 da Lei do Inquilinato.

Nessa forma de caução, sendo o bem móvel, que é o chamado penhor, a garantia deverá ser registrada em cartório, sendo veículo, além desse registro, o locador deverá levar ao conhecimento do órgão de trânsito competente.

Nota-se que o bem móvel deverá possuir valor comercial e não sentimental, o chamado valor de família. Ou seja, o valor do bem deve estar atrelado à garantia, respeitando-se assim o princípio da especialidade.

No caso da caução de bem imóvel, o contrato deverá ser averbado à margem da matrícula junto ao Cartório de Registro de Imóveis.

Outra espécie de caução é a chamada "caução de direitos" ou "penhor de direitos". Nesse caso, títulos de créditos em geral, apólices da dívida pública, ações, etc., poderão ser oferecidos em garantia. É uma espécie de garantia atraente para o locador, já que não está limitada a um determinado valor, como no caso da caução em dinheiro.

O título que atrai cada vez mais adeptos é o de capitalização. Nesse caso, os profissionais do mercado sugerem uma aplicação de 10 (dez) a 12 (doze) vezes o valor de aluguel mais encargos. Havendo inadimplência, o locador, por meio de uma simples carta, poderá requerer o valor inadimplido junto à seguradora contratada.

CAPÍTULO 4

Da Arrematação, da Adjudicação e a Cláusula de Vigência

O Código de Direito Processual brasileiro não conceitua a Arrematação, ficando a cargo da doutrina essa tarefa.

Citamos o conceito de *Pontes de Miranda*[1], para o qual a arrematação, "em sentido de movimento processual, é a submissão do bem penhorado ao procedimento da alienação ao público e em sentido estática processual é assinação do bem, que foi posto em hasta pública, ao lançador que ofereceu maior lanço".

Contudo, havendo a transferência, faz-se a favor de terceiro, mas se é o próprio credor quem adquire a coisa, em pagamento do seu crédito, tal ato receberá o nome de "adjudicação".

A diferença básica entre a arrematação e a adjudicação está no sujeito que adquire o bem. Adiante, teceremos outros breves comentários sobre esses dois institutos.

No que concerne à finalidade, tanto a arrematação como a adjudicação são para a satisfação de um crédito, convertendo bens em dinheiro.

Cabe-nos enfatizar que os dois institutos em estudo possuem procedimentos próprios, que se desdobram em vários atos, como estudaremos mais adiante.

---
[1] 1976, p. 612 *et seqs*.

Na fase inicial do procedimento de arrematação, encontramos os atos que visam a dar publicidade. O devedor deverá ser informado acerca da alienação do bem. Deverá haver publicidade também para o público em geral, para isso se utilizará o edital.

Neste momento é importante ressaltar que nos casos de bem gravado por penhor, hipoteca, anticrese ou usufruto, o credor pignoratício, hipotecário, anticrético ou usufrutuário, todos os interessados deverão ser comunicados.

Após a publicidade, vem a fase da licitação pública, para que apareça o maior número de interessados para oferecerem os lanços.

Conforme dispõe o parágrafo único, do art. 692 do CPC, a arrematação "será suspensa logo que o produto da alienação dos bens bastar para o pagamento do credor".

Esta licitação se denomina "hasta pública", na modalidade "praça", pois estamos tratando de bens imóveis.

Na primeira "praça", poderá ocorrer a arrematação dos bens penhorados somente se oferecidos lanços superiores ao valor da avaliação (art. 686, VI, do CPC). Já na segunda praça poderão ser oferecidos lanços inferiores ao valor da avaliação.

Decorridas 24 horas da realização da hasta pública, será lavrado o auto de arrematação (art. 693 do CPC), que deverá ser assinado pelo juiz, escrivão, arrematante e pelo porteiro ou leiloeiro (art. 694 do CPC).

Após a assinatura do auto de arrematação, parece encerrada a alienação judicial.

Para que o título do domínio se transfira, é preciso que haja a transcrição no registro de imóveis, nos casos de bens imóveis.

Então, para ensejar o registro da transferência do imóvel (arts. 530, I e 532, III, do CC), será necessária a lavratura de "carta de arrematação", que deverá obedecer ao disposto no art. 703 do CPC.

A carta de arrematação é o documento judicial hábil para a transcrição no registro de imóveis.

Para *Enrico Liebman*[2], a arrematação finalizada produz os seguintes efeitos:

1. Transfere o domínio do bem ao arrematante;
2. Transfere para o preço depositado pelo arrematante o vínculo da penhora;
3. Torna o arrematante e seu fiador devedores do preço, nos casos em que a arrematação é feita a prazo;
4. Obriga o depositário judicial ou particular, ou eventualmente o devedor, a transferir ao arrematante a posse dos bens arrematados;
5. Extingue as hipotecas sobre o imóvel arrematado.

Podemos *a priori* concluir que o adquirente, por meio da arrematação e adjudicação, esgotados os atos já aludidos, adquirirá a propriedade de forma originária, ou seja, sem qualquer gravame.

Para melhor explicar esse tipo de aquisição de propriedade, citamos o professor *Marco Aurélio Bezerra de Melo*[3], a saber:

> *Aquisição originária é aquela em que a aquisição do direito não decorre da transferência do bem, feita por outra pessoa. O direito de propriedade, na origem, vem para o titular imaculado de eventuais vícios que pudessem existir em relações jurídicas anteriores.*

Na melhor aplicação técnica, o adquirente por "hasta pública" não estaria obrigado a respeitar o contrato de locação averbado junto à matrícula do imóvel, já que adquiriu o bem de forma originária, sem gravame.

Cumprindo o nosso compromisso de aludir às características e aos efeitos da arrematação e adjudicação sobre bens imóveis, correlacionaremos os citados institutos com um dos direitos mais basilares e importantes para os locatários de imóveis urbanos. É a chamada "Cláusula de Vigência" e a respeitabilidade do contrato firmado.

---

[2] 1946, p. 125 *et seqs.*
[3] 2007, p. 104 *et seqs.*

Para ora começarmos a comentar o aludido instituto, transcrevemos o art. 8º e os seus parágrafos, da Lei do Inquilinato, que trata da matéria, a saber:

> Art. 8º *Se o imóvel for alienado durante a locação, o adquirente poderá denunciar o contrato, com o prazo de noventa dias para a desocupação, salvo se a locação for por tempo determinado e o contrato contiver cláusula de vigência em caso de alienação e estiver averbado junto à matrícula do imóvel.* §1º. *Idêntico direito terá o promissário comprador e o promissário cessionário, em caráter irrevogável, com imissão na posse do imóvel e título registrado junto à matrícula do mesmo.* §2º. *A denúncia deverá ser exercitada no prazo de noventa dias contados do registro da venda ou do compromisso, presumindo-se, após esse prazo, a concordância na manutenção da locação.*

Analisando o texto legal, é nítido o direito do locatário de continuar usando o bem locado até o término do prazo contratual programado, caso presentes os pressupostos ali discriminados.

Ou seja, para o exercício desse direito, é necessário que:

1. o contrato esteja por prazo determinado;
2. que exista cláusula de vigência, em caso de alienação, autorizando o cartório a registrar o contrato junto à matrícula do imóvel;
3. o contrato esteja averbado no Registro Imobiliário da matrícula do imóvel objeto da locação.

Assim, se durante a locação, o imóvel for alienado, e presentes os pressupostos acima, o adquirente deverá respeitar o prazo contratual e não poderá retomar o imóvel, conforme preceitua o mesmo artigo. Contudo, ausente um desses requisitos, e caso o adquirente assim desejar, poderá este denunciar a locação, concedendo prazo de noventa dias para que o locatário desocupe e devolva a posse direta do bem.

Para um estudo mais aprofundado e um melhor entendimento, cabe-nos dirimir as dúvidas preliminares sobre o instituto da alienação e a sua relação com a locação.

A doutrina e a jurisprudência majoritária, por meio de um posicionamento mais contemporâneo, são contrárias ao brocardo romano em que "a venda rompe a locação". Para esta corrente, existe o entendimento semelhante ao do acórdão do TAMG, da sua 6ª Câmara Civil, relator Juiz Pedro Henriques, em cuja ementa se diz: "Considera-se rompida a locação com a denúncia pelo novo titular da propriedade, exercida no prazo estabelecido no artigo 8º, § 2º, da Lei n. 8.245/91, não se presumindo a ruptura com a simples alienação do imóvel."

Daí se compreende que o que rompe a locação é a denúncia realizada pelo novo adquirente e não com a só alienação do bem.

Retornando à análise do art. 8º, a lei, na primeira parte do artigo, alude ao vocábulo "alienação". Para iniciarmos a leitura e compreensão desse dispositivo, nos ensina o professor *Capanema*[4]:

> *O direito potestativo de romper o vínculo é conferido ao adquirente, como tal não se limitando a uma espécie determinada de aquisição, dentre as várias que se conhece. A lei fala em ser o imóvel alienado. Como não faz qualquer discriminação, é irrelevante que a alienação seja a título oneroso ou gratuito, podendo denunciar a locação o comprador do imóvel locado, o permutante, ou o donatário. (p. 82. Da Locação do Imóvel Urbano).*

Há, entretanto, uma exceção à regra aludida pelo ilustre doutrinador. O herdeiro e o legatário também são adquirentes, a título gratuito, mas estão inibidos de denunciar a locação, pois, pela regra do art. 10 da Lei do Inquilinato, os mesmos se obrigam a respeitá-la.

O vocábulo "adquirente", também citado no artigo ora em estudo, abrange todas as espécies e formas de aquisição de propriedade. Como nos ensina a professora *Maria Helena Diniz*[5]:

> *O termo adquirente, no texto legal, não corresponde necessariamente ao proprietário, podendo configurar não só a hipótese do compromissário comprador ou do promissário cessionário, porque a lei equipara-os ao "dominus", conferindo-lhes aos mesmos os direitos do proprietário.*

---

[4] 2000, p. 82 *et seqs.*
[5] 2008, p. 66 *et seqs.*

Ao analisarmos os institutos em tela, podemos identificar o conflito dos conceitos e da aplicabilidade prática dos direitos do adquirente de imóveis por "hasta pública", e os do locatário de imóvel urbano, quando da averbação do contrato de locação.

Se, no caso de arrematação, o adquirente adquirirá a propriedade de forma originária, ou seja, sem vícios ou obrigações anteriores, e sendo cumpridos todos os requisitos legais para a oponibilidade da locação em face de terceiros, fazendo com que este a respeite, qual seria a relação jurídica então entre esse adquirente e o locatário do imóvel arrematado?

Segunda questão: o adquirente, por meio de "hasta pública", deverá ou não respeitar o contrato de locação averbado na matrícula do imóvel?

Essa insegurança jurídica provocada pela ambiguidade dessas duas situações práticas, corriqueiras, leva a um prejuízo importante ao mercado imobiliário, e necessita, assim, ser enfrentada – corajosamente – pela nossa doutrina e jurisprudência.

Potenciais locadores acabam tendo dificuldades em inserir seu imóvel para locação, quando o locatário conhece previamente as dívidas e a possibilidade imediata de o imóvel ser levado a "hasta pública", a pedido de credores do locador. Ou seja, em uma locação comercial, p. ex., dificilmente o locatário estabelecerá sua atividade em um imóvel que poderá ser arrematado e denunciado posteriormente, sem qualquer garantia do prazo estipulado em contrato e dos investimentos realizados.

Inclusive essa insegurança provoca, muitas das vezes, a própria inadimplência do locador-devedor, já que, com o aluguel, ele poderia honrar com os compromissos assumidos junto aos seus credores.

Enfim, encontramos uma situação inusitada: o locador necessita alugar o imóvel para pagar seus credores, evitando, assim, a perda do seu patrimônio, mas, contudo, não há segurança jurídica para que firme uma locação com terceiros. Muitas das vezes, o próprio crédito do aluguel se prestaria para pagar as taxas condominiais, que sabemos que é uma contribuição importantíssima para a manutenção de um edifício. Em suma: o locador-devedor acaba perdendo o imóvel em "hasta pública", por não ter recursos para adimplir suas obrigações, mesmo tendo condições jurídicas para obter recursos por meio do aluguel, Contrariando, assim, os princípios consagrados em nossa Constituição, de menor dano ao devedor executado.

Não obstante a melhor técnica, há de se pensar no reflexo social de uma insegurança jurídica em questões locatícias, para o bem do mercado imobiliário pátrio.

Parece-nos que pelos motivos sociais, políticos e econômicos já comentados no transcorrer do presente trabalho, é mister que se procure uma maior segurança jurídica para as locações, estimulando assim as transações imobiliárias. Para isto, esse importante instituto da "Cláusula de Vigência ou Respeito", instituto este de oxigenação para o mercado, deve ser também respeitado pelo adquirente por "hasta pública", consagrando, assim, não só o princípio da publicidade dos atos praticados, como o princípio da boa-fé contratual e o princípio da função social da propriedade.

CAPÍTULO 5

Locatário e a Relação em Condomínio

A relação em condomínio possui registros históricos desde o século XIX, com o Código Civil francês. Com esse diploma legal, reconhecia-se a propriedade desmembrada em um único terreno, regulando também o que seria mais tarde as chamadas partes comuns e privadas. Até então, tudo que se construía no piso, pertencia ao proprietário do terreno.

Condomínio é co-participação, é viver em regime de cooperação e defesa de interesses comuns, seja em casas, loteamentos, prédios, etc.

Com o Código Civil pátrio de 1916, o seu grande inspirador, o professor *Caio Mário da Silva Pereira* trouxe a lume a questão condominial, conceituando-a em condomínio especial, de edificações e horizontal. Inclusive por inspiração do próprio doutrinador, a lei especial de condomínio foi criada em 1964, sob o n. 4.591.

Com advento do Código Civil de 2002, ora em vigor, o legislador regulou e abrangeu as diversas formas de condomínio, revogando partes dos artigos da lei citada no parágrafo anterior, especialmente no tocante à matéria condominial, já que essa mesma lei também regula as incorporações imobiliárias.

Atualmente a relação condominial está subdividida em: legal, voluntária, tradicional, de fato e especial. Para melhor explicar cada espécie, citaremos o doutrinador *Hamilton Quirino Câmara*[1], *in verbis*:

> *O condomínio geral, a significar a propriedade em comum, co-propriedade ou comunhão, ou ainda propriedade indivisa.*
>
> *Condomínio legal vem a ser o definido em lei; o voluntário é o estabelecido livremente pelas partes; o tradicional é o decorrente dos usos e dos costumes pela coexistência de um bem em comum; o de fato é o que existe sem convenção e sem base, necessariamente, na lei; o especial é o que é fundamentado em normas específicas.*

Por todo o exposto, são notórias as mudanças introduzidas pelo novo Código Civil, o que vem gerando debates acalorados no mercado imobiliário, principalmente sobre os temas mais polêmicos, como, p. ex., a limitação da multa em 2%, caso a taxa condominial não seja paga no vencimento; conduta antissocial; votação de locatário nas assembleias condominiais; etc.

Sem querer esgotar as matérias importantes no âmbito dessa reforma, procuraremos nos próximos tópicos debruçar-nos sobre as questões condominiais mais relevantes, com relação direta com o locatário, mantendo-nos fiel ao objetivo do presente estudo.

5.1. Comportamento Antissocial

Conforme preconiza a nossa Constituição, em seu art. 5º, XXIII, "a propriedade atenderá a sua função social". Este é um princípio basilar que impõe limites ao direito de propriedade, com o fim de atender às necessidades da sociedade, extirpando a ideia individualista das Constituições anteriores.

Por isso, é cada vez mais comum a consagração de institutos que visam efetivamente a regular o princípio citado anteriormente, sendo um instrumento de paz e justiça social. O Código Civil de 2002 veio, em boa hora, regulamentar ainda mais essa nova concepção nas relações civis.

---

[1] 2004, p. 1 *et seqs.*

Com essa finalidade, o novo diploma legal inova à luz do convívio condominial, impondo limites ao direito de propriedade. O art. 1.337, paráfrago único, dispõe:

> *O condômino ou possuidor que, por seu reiterado comportamento anti-social, gerar incompatibilidade de convivência com os demais condôminos ou possuidores, poderá ser constrangido a pagar multa correspondente ao décuplo do valor atribuído à contribuição para as despesas condominiais, até ulterior deliberação da assembléia.*

Busca o legislador com esse dispositivo preservar a boa utilização das unidades, expurgando do convívio condominial as atividades ilícitas ou nocivas aos demais co-moradores.

Contudo, o problema que também emergiu foi como poderemos conceituar o chamado "comportamento antissocial". Como não existe uma definição na lei, caberá os juízes, no caso concreto, definir esses comportamentos.

Ainda sim, o cotidiano dos edifícios nos ensina que todo aquele que causar incômodo à vizinhança e, ou desvalorização do prédio, como o uso de drogas, práticas de atividade ilícita, prostituição, produção excessiva de barulho, uso de animais que causem riscos e danos, etc., a nosso sentir, poderá ser enquadrado no aludido dispositivo legal.

Havendo o cometimento de uma das práticas acima, o locatário deverá notificar o síndico e a administradora do prédio, para que as providências sejam tomadas para a manutenção do bom convívio. Caso estes não tomem providências, a ação judicial deverá ser proposta para que a conduta cesse, sob pena de multa diária.

Deve-se também levar o assunto para reunião de assembleia, que, por voto de três quartos dos condôminos do prédio, poderá ser fixada multa ao infrator de até dez cotas condominiais.

Na hipótese de todas as providências acima não serem suficientes para cessar o comportamento nocivo do vizinho, poderá, como último recurso, o condomínio decidir pela exclusão do morador com tal conduta, requerendo o pedido em juízo.

Apesar de muitos doutrinadores entenderem pela inconstitucionalidade de se excluir do convívio condominial o condômino proprietário, por ferir o direito de propriedade, cabe-nos deixar claro, *data venia*, que a propriedade do condômino "antissocial" não está sendo discutida ou posta em perigo. Ou seja, esse sujeito poderá alugar o próprio bem para terceiros, mantendo, assim, a propriedade.

Tal medida, apesar de subjetiva, é muito bem-vinda, pois seria injusto permanecer no seio da sociedade condominial um condômino que não atenda aos requisitos mínimos para a boa convivência. Seria ilógico se todos os outros proprietários tivessem de mudar-se de seus imóveis, por causa daquele condômino impróprio. Admitindo-se tal hipótese, *a contrario senso*, estaríamos consagrando o dito popular de que "os incomodados que se mudem".

5.2. Animais

Estão sempre nos noticiários os casos de ataques de animais domésticos, de brigas entre vizinhos e seus cachorros, etc.

Assunto esse que sempre palpitou controvérsias, contudo, parece-nos que atualmente está pacificado em nossos Tribunais.

Com o advento do Código Civil de 2002, no respectivo bojo do art. 1.277, protege-se o morador contra qualquer ato que prejudique sua segurança, sossego ou saúde.

Ou seja, a segurança aludida trata-se de matéria de direito de vizinhança, em que o vizinho não pode construir, ou acrescer sua unidade privada, fora dos padrões municipais ou que represente risco, p. ex., para a estrutura do edifício.

No que tange ao conceito de sossego, deve prevalecer o princípio corolário ao da inviolabilidade do domicílio, consagrando a paz e o refúgio que todas as moradias gozam constitucionalmente. Por esse entendimento, trazendo ao tema proposto, poderemos citar o direito do condômino ao silêncio.

Atos nocivos à saúde também são vedados, como, por ex., do morador que polui o andar de seu edifício com sacos de lixos abertos e em locais impróprios, pois, com essa atitude exemplificada, poderá levar doenças para os demais condôminos.

No caso do tema em tela, o legislador preocupou-se em manter a integridade dos condôminos – sua saúde –, que vêm tangenciando a proibição de animais de grande porte em unidades prediais, mesmo que autorizados por meio de regulamentos internos dos edifícios.

O morador que se sentir ameaçado poderá pleitear a proteção do Estado, por meio de ação judicial destinada a proibir a presença desses animais, com a fixação de multa diária até o cumprimento da obrigação.

Em contrapartida, a jurisprudência dominante admite a presença nas unidades autônomas de animais de pequenos portes que não perturbem os moradores, mesmo que estejam expressamente proibidos na convenção.

Vale lembrar que a presença de animais, ainda que dóceis e de pequeno porte, mesmo que não representem qualquer perigo, não poderá causar constrangimento aos demais moradores. Ou seja, não poderá atrapalhar o "sossego", que, como vimos, também está preservado.

O bom senso nos diz que, ao levarmos nossos animais para passear, p. ex., devemos conduzi-los por meio do elevador de serviço. Nos casos em que o prédio não possua este elevador, a boa conduta nos ensina que deveremos transitar no elevador social, em horários de pouco fluxo de moradores, evitando, por exemplo, constranger alguém com a baba de seu cachorrinho, no terno impecável do vizinho que está saindo para trabalhar.

5.3. Vizinho Barulhento

Quem nunca viveu ou teve notícias do indivíduo que, ao chegar em casa, exausto, depois de sua rotina cansativa, se depara com um grupo de adolescente, vizinhos da unidade acima, dando uma festinha em casa, justamente naquela hora de seu merecido descanso, e o pior é que estes atos se repetem constantemente.

Cenas como essa são comuns no dia-a-dia dos condomínios e, às vezes, acabam tornando-se caso de polícia.

Como já estudamos, a lei procura preservar a tranquilidade dos moradores e a convivência harmônica entre eles, facultando a quem se sinta prejudicado o direito de postular em juízo a cessação dos barulhos, abrangendo inclusive esse direito ao locatário.

Em se tratando de barulho, a primeira ideia que nos aparece é a da Lei do Silêncio (Lei Estadual n. 126/77. Alterada pela Lei n. 3.827/02). Contudo, nem todos a respeitam ou, nos casos de desrespeito, não sabem como aplicá-la.

No caso especificamente da vida condominial, o atual Código Civil, em seu art. 1.277, protege o morador contra o mau uso da propriedade vizinha, em benefício de sua saúde, sossego e segurança, como já vimos anteriormente.

Mesmos nos casos em que os limites sonoros não estão previstos nas convenções dos edifícios, o morador, independentemente de ser o proprietário, poderá pleitear providências do síndico junto à unidade responsável. No caso de omissão deste, o locatário poderá ingressar em juízo em face do morador barulhento.

Antes, contudo, o morador deverá notificar o vizinho barulhento, bem como o síndico e o proprietário do imóvel daquele, se for o caso de imóvel alugado.

Deverá ainda consultar a convenção e o regulamento interno para saber se o condomínio dispõe de alguma norma específica, inclusive com a fixação de multa, que poderá ser cobrada pelo síndico ou por qualquer outro condômino, em caso de omissão deste último.

Se não tomarem providências, a justiça será o caminho, por meio de ação própria, que poderá ser ingressada no Juizado Especial ou na Justiça Comum, dependendo do valor da causa, requerendo pagamento de multa diária até que sejam tomadas as medidas necessárias para cessar ou diminuir os ruídos.

Existem também casos em que o vizinho barulhento é um hospital, uma danceteria, um bar. Para esses casos, existem medidas de maior rigor, em que cabe a exigência de uma proteção acústica no estabelecimento infrator.

Havendo o desrespeito, poderá o morador denunciar o caso na Secretaria Municipal de Meio Ambiente de sua cidade, no caso do Rio de Janeiro, a prefeitura dispõe de uma central de atendimento para receber essas reclamações. A saber: (21) 2503-2795.

Se todas as tentativas restarem infrutíferas, a delegacia policial mais próxima deverá ser acionada, visto que excesso de barulho também está previsto na Lei de Contravenções Penais.

5.4. Responsabilidade Civil do Condomínio

Como na vida social, o condomínio possui responsabilidades que geram obrigações inerentes a sua natureza.

Apesar de o nosso Código Civil não considerar o condomínio um ente personalizado, ou seja, uma pessoa jurídica dotada de direitos e obrigações, chamado por muitos autores de pessoa *sui generis*, ou seja, despida de qualquer natureza jurídica, é absurdo não o tratarmos como detentor de direitos e deveres em nome da coletividade, como acontece com as Associações em geral.

Brilhantemente, o advogado *Hamilton Quirino Câmara*[2] discorre sobre essa questão, a saber:

> O condomínio edilício é representado em juízo e fora dele pelo síndico, é entidade obrigada a se cadastrar na Receita Federal, para obter o CNPJ (Cadastro Nacional das Pessoas Jurídicas) e assim poder contratar empregador, faturar compras e firmar contrato em geral. Para efetivar a contratação de empregados, tem que preencher livros fiscais, cadastrar-se junto ao INSS, FGTS, etc. Têm direitos e obrigações como qualquer empresa. Pelas últimas alterações a legislação previdenciária e tributária, é obrigado a reter parcela devida ao INSS, assim como ao PIS, Cofins e CSLL (Contribuição Sobre o Lucro Líquido). No entanto, não possui personalidade jurídica plena. Não é pessoa jurídica.

Isto posto, podemos citar como exemplo de responsabilidade civil do condomínio a obrigatoriedade do síndico em realizar o seguro

---

[2] 2004, p. 11 *et seqs*.

de toda edificação contra o risco de incêndio ou destruição (art. 1.346 do CC).

Em um desses casos, podemos exemplificar com o art. 186 do CC:

> *Aquele que, por ação ou omissão voluntária, negligência ou imprudência, violar direito e causar dano a outrem, ainda que exclusivamente moral, comete ato ilícito.*

Como já observado em outras exposições, a convenção e o regulamento interno, aqui neste subtítulo, também serão objetos basilares para aferição da responsabilidade do condomínio, por meio do respectivo juízo, no caso *in concreto*.

Vejamos um caso hipotético: Furto de automóvel – mesmo que a convenção estabeleça cláusula de não indenizar, poderá o condomínio responder caso o fato típico tenha sido cometido por imprudência e/ou negligência do condomínio. Exemplo: Furto decorrido de problemas de conservação do portão da garagem. Outro exemplo: em condomínio possuidor de sistema de segurança, incluindo vigilância, venha o condômino a ter seu automóvel furtado.

Vejamos outros casos de responsabilidade civil do condomínio: convencionado o serviço de manobrista para o estacionamento dos automóveis, o funcionário do edifício venha a danificar o automóvel do condômino, ao realizar uma determinada manobra.

Situação diferente ocorrerá caso o morador venha a solicitar que o funcionário do prédio manobre seu veículo e, assim, ocorra um dano. Neste caso, nada o condômino poderá fazer em face do condomínio, pois o prédio não oferece tal serviço.

5.5. Vagas de Garagem

É muito importante ao se alugar um imóvel com garagem que se verifiquem as normas reguladoras na convenção do condomínio, a fim de se evitar tradicionais transtornos.

Muitas das vezes, quando o locatário tem a necessidade de se utilizar da garagem, se depara com uma vaga menor do que a extensão do seu veículo ou imensa dificuldade em estacioná-lo, decorrente dos obstáculos do edifício.

Nas hipóteses em que o locatário não tenha atentado para as possibilidades citadas, ele poderá exercer seu direito, ingressando com uma ação em face do condomínio, pleiteando regulamentação das vagas do edifício, caso não haja prevenção em convenção.

Quanto à locação da vaga, o locatário da unidade poderá ceder a garagem para outros condôminos, bem como a pessoas estranhas ao prédio, conforme art. 1.338 do CC. Contudo, no caso de disposição em contrário em convenção condominial, o condomínio poderá vedar a locação da vaga para terceiros não moradores do edifício.

Vale ressaltar que essa prática caracteriza sublocação, o que é vedado por lei se não houver o consentimento prévio e por escrito do locador (art. 13, Lei n. 8.245/91), podendo o locatário, assim, sofrer uma ação de despejo por infração legal grave, prevista no art. 9º, II, da citada lei.

Ainda, caso o locatário não esteja utilizando a vaga, poderá autorizar o ingresso de um veículo visitante, desde que não haja vedação expressa na convenção do condomínio, em prol da segurança condominial.

5.6. Assembleias e Reuniões

Tema de intenso debate entre os condôminos nas assembleias versa sobre a possibilidade ou não de o locatário participar de reuniões e deliberações condominiais.

A nosso sentir, os locatários possuem a prerrogativa e o dever de estar presentes nas assembleias, inclusive, mesmo sem estarem com a procuração de seus respectivos locadores. Ou seja, os locatários poderão votar em síndico e deliberar (votar) em matéria de ordem ordinária, nos termos do art. 24, § 4º da Lei n. 4.591/64, introduzido pela Lei n. 9.267/96.

Neste mesmo sentido, podemos citar *Marco Aurélio Bezerra de Melo*[3]:

> "O locatário poderá votar na assembleia geral se a discussão girar em torno de despesas ordinárias e o condômino-locador a ela não comparecer."

Ainda, outra dúvida constante é concernente à participação e votação dos inadimplentes. Parece-nos que é possível sim o devedor participar das reuniões condominiais, pois, caso contrário, estaremos usurpando o seu direito de se precaver de futuras cotas que forem deliberadas.

Contudo, o Código Civil, em seu art. 1.335, III, veda o direito do inadimplente em ter voz na reunião e/ou votar nos assuntos debatidos.

Apesar de na segunda parte do aludido inciso o legislador ter colocado a expressão "e delas participar", que poderá dar margem a outras interpretações, em nosso sentir, deve ser interpretada restritivamente, pois não vislumbramos qualquer inconveniência de o condômino inadimplente se inteirar dos assuntos condominiais, como já dito anteriormente.

Para evitar constrangimentos e "bate-boca" nas reuniões, o melhor será sempre consultar primeiro a convenção, verificando se existe alguma vedação no tocante à participação de inadimplentes nas reuniões condominiais.

Havendo proibições, e caso o locatário se sinta cerceado de seus direitos, deverá ajuizar a respectiva ação.

---

[3] 2007, p. 66 *et seqs*.

Lei n. 8.245, de 18 de Outubro de 1991

Dispõe sobre as locações dos imóveis urbanos e os procedimentos a elas pertinentes.

O PRESIDENTE DA REPÚBLICA:

Faço saber que o Congresso Nacional decreta e eu sanciono a seguinte lei:

TÍTULO I
Da Locação

CAPÍTULO I
Disposições Gerais

SEÇÃO I
Da locação em geral

Art. 1º A locação de imóvel urbano regula-se pelo disposto nesta lei:
Parágrafo único. Continuam regulados pelo Código Civil e pelas leis especiais:
a) as locações:
1. de imóveis de propriedade da União, dos Estados e dos Municípios, de suas autarquias e fundações públicas;
2. de vagas autônomas de garagem ou de espaços para estacionamento de veículos;
3. de espaços destinados à publicidade;
4. em apart-hotéis, hotéis-residência ou equiparados, assim considerados aqueles que prestam serviços regulares a seus usuários e como tais sejam autorizados a funcionar;
b) o arrendamento mercantil, em qualquer de suas modalidades.
Art. 2º Havendo mais de um locador ou mais de um locatário, entende-se que são solidários se o contrário não se estipulou.
Parágrafo único. Os ocupantes de habitações coletivas multifamiliares presumem-se locatários ou sublocatários.
Art. 3º O contrato de locação pode ser ajustado por qualquer prazo, dependendo de vênia conjugal, se igual ou superior a dez anos.
Parágrafo único. Ausente a vênia conjugal, o cônjuge não estará obrigado a observar o prazo excedente.
Art. 4º Durante o prazo estipulado para a duração do contrato, não poderá o locador reaver o imóvel alugado. O locatário, todavia, poderá devolvê-lo, pagando a multa pac-

tuada, segundo a proporção prevista no art. 924 do Código Civil e, na sua falta, a que for judicialmente estipulada.

Parágrafo único. O locatário ficará dispensado da multa se a devolução do imóvel decorrer de transferência, pelo seu empregador, privado ou público, para prestar serviços em localidades diversas daquela do início do contrato, e se notificar, por escrito, o locador com prazo de, no mínimo, trinta dias de antecedência.

Art. 5º Seja qual for o fundamento do término da locação, a ação do locador para reaver o imóvel é a de despejo.

Parágrafo único. O disposto neste artigo não se aplica se a locação termina em decorrência de desapropriação, com a imissão do expropriante na posse do imóvel.

Art. 6º O locatário poderá denunciar a locação por prazo indeterminado mediante aviso por escrito ao locador, com antecedência mínima de trinta dias.

Parágrafo único. Na ausência do aviso, o locador poderá exigir quantia correspondente a um mês de aluguel e encargos, vigentes quando da resilição.

Art. 7º Nos casos de extinção de usufruto ou de fideicomisso, a locação celebrada pelo usufrutuário ou fiduciário poderá ser denunciada, com o prazo de trinta dias para a desocupação, salvo se tiver havido aquiescência escrita do nu-proprietário ou do fideicomissário, ou se a propriedade estiver consolidada em mãos do usufrutuário ou do fiduciário.

Parágrafo único. A denúncia deverá ser exercitada no prazo de noventa dias contados da extinção do fideicomisso ou da averbação da extinção do usufruto, presumindo-se, após esse prazo, a concordância na manutenção da locação.

Art. 8º Se o imóvel for alienado durante a locação, o adquirente poderá denunciar o contrato, com o prazo de noventa dias para a desocupação, salvo se a locação for por tempo determinado e o contrato contiver cláusula de vigência em caso de alienação e estiver averbado junto à matrícula do imóvel.

§ 1º Idêntico direito terá o promissário comprador e o promissário cessionário, em caráter irrevogável, com imissão na posse do imóvel e título registrado junto à matrícula do mesmo.

§ 2º A denúncia deverá ser exercitada no prazo de noventa dias contados do registro da venda ou do compromisso, presumindo-se, após esse prazo, a concordância na manutenção da locação.

Art. 9º A locação também poderá ser desfeita:
I – por mútuo acordo;
II – em decorrência da prática de infração legal ou contratual;
III – em decorrência da falta de pagamento do aluguel e demais encargos;
IV – para a realização de reparações urgentes determinadas pelo Poder Público, que não possam ser normalmente executadas com a permanência do locatário no imóvel ou, podendo, ele se recuse a consenti-las.

Art. 10. Morrendo o locador, a locação transmite-se aos herdeiros.

Art. 11. Morrendo o locatário, ficarão sub-rogados nos seus direitos e obrigações:
I – nas locações com finalidade residencial, o cônjuge sobrevivente ou o companheiro e, sucessivamente, os herdeiros necessários e as pessoas que viviam na dependência econômica do *de cujus*, desde que residentes no imóvel;

II – nas locações com finalidade não residencial, o espólio e, se for o caso, seu sucessor no negócio.
Art. 12. Em casos de separação de fato, separação judicial, divórcio ou dissolução da sociedade concubinária, a locação prosseguirá automaticamente com o cônjuge ou companheiro que permanecer no imóvel.
Parágrafo único. Nas hipóteses previstas neste artigo, a sub-rogação será comunicada por escrito ao locador, o qual terá o direito de exigir, no prazo de trinta dias, a substituição do fiador ou o oferecimento de qualquer das garantias previstas nesta lei.
Art. 13. A cessão da locação, a sublocação e o empréstimo do imóvel, total ou parcialmente, dependem do consentimento prévio e escrito do locador.
1º Não se presume o consentimento pela simples demora do locador em manifestar formalmente a sua oposição.
2º Desde que notificado por escrito pelo locatário, de ocorrência de uma das hipóteses deste artigo, o locador terá o prazo de trinta dias para manifestar formalmente a sua oposição.

SEÇÃO II
Das sublocações

Art. 14. Aplicam-se às sublocações, no que couber, as disposições relativas às locações.
Art. 15. Rescindida ou finda a locação, qualquer que seja sua causa, resolvem-se as sublocações, assegurado o direito de indenização do sublocatário contra o sublocador.
Art. 16. O sublocatário responde subsidiariamente ao locador pela importância que dever ao sublocador, quando este for demandado e, ainda, pelos aluguéis que se vencerem durante a lide.

SEÇÃO III
Do aluguel

Art. 17. É livre a convenção do aluguel, vedada a sua estipulação em moeda estrangeira e a sua vinculação à variação cambial ou ao salário mínimo.
Parágrafo único. Nas locações residenciais serão observados os critérios de reajustes previstos na legislação específica.
Art. 18. É lícito às partes fixar, de comum acordo, novo valor para o aluguel, bem como inserir ou modificar cláusula de reajuste.
Art. 19. Não havendo acordo, o locador ou locatário, após três anos de vigência do contrato ou do acordo anteriormente realizado, poderão pedir revisão judicial do aluguel, a fim de ajustá-lo ao preço de mercado.
Art. 20. Salvo as hipóteses do art. 42 e da locação para temporada, o locador não poderá exigir o pagamento antecipado do aluguel.
Art. 21. O aluguel da sublocação não poderá exceder o da locação; nas habitações coletivas multifamiliares, a soma dos aluguéis não poderá ser superior ao dobro do valor da locação.

Parágrafo único. O descumprimento deste artigo autoriza o sublocatário a reduzir o aluguel até os limites nele estabelecidos.

SEÇÃO IV
Dos deveres do locador e do locatário

Art. 22. O locador é obrigado a:
I – entregar ao locatário o imóvel alugado em estado de servir ao uso a que se destina;
II – garantir, durante o tempo da locação, o uso pacífico do imóvel locado;
III – manter, durante a locação, a forma e o destino do imóvel;
IV – responder pelos vícios ou defeitos anteriores à locação;
V – fornecer ao locatário, caso este solicite, descrição minuciosa do estado do imóvel, quando de sua entrega, com expressa referência aos eventuais defeitos existentes;
VI – fornecer ao locatário recibo discriminado das importâncias por este pagas, vedada a quitação genérica;
VII – pagar as taxas de administração imobiliária, se houver, e de intermediações, nestas compreendidas as despesas necessárias à aferição da idoneidade do pretendente ou de seu fiador;
VIII – pagar os impostos e taxas, e ainda o prêmio de seguro complementar contra fogo, que incidam ou venham a incidir sobre o imóvel, salvo disposição expressa em contrário no contrato;
IX – exibir ao locatário, quando solicitado, os comprovantes relativos às parcelas que estejam sendo exigidas;
X – pagar as despesas extraordinárias de condomínio.
Parágrafo único. Por despesas extraordinárias de condomínio se entendem aquelas que não se refiram aos gastos rotineiros de manutenção do edifício, especialmente:
a) obras de reformas ou acréscimos que interessem à estrutura integral do imóvel;
b) pintura das fachadas, empenas, poços de aeração e iluminação, bem como das esquadrias externas;
c) obras destinadas a repor as condições de habitabilidade do edifício;
d) indenizações trabalhistas e previdenciárias pela dispensa de empregados, ocorridas em data anterior ao início da locação;
e) instalação de equipamento de segurança e de incêndio, de telefonia, de intercomunicação, de esporte e de lazer;
f) despesas de decoração e paisagismo nas partes de uso comum;
g) constituição de fundo de reserva.
Art. 23. O locatário é obrigado a:
I – pagar pontualmente o aluguel e os encargos da locação, legal ou contratualmente exigíveis, no prazo estipulado ou, em sua falta, até o sexto dia útil do mês seguinte ao vencido, no imóvel locado, quando outro local não tiver sido indicado no contrato;
II – servir-se do imóvel para o uso convencionado ou presumido, compatível com a natureza deste e com o fim a que se destina, devendo tratá-lo com o mesmo cuidado como se fosse seu;

III – restituir o imóvel, finda a locação, no estado em que o recebeu, salvo as deteriorações decorrentes do seu uso normal;
IV – levar imediatamente ao conhecimento do locador o surgimento de qualquer dano ou defeito cuja reparação a este incumba, bem como as eventuais turbações de terceiros;
V – realizar a imediata reparação dos danos verificados no imóvel, ou nas suas instalações, provocadas por si, seus dependentes, familiares, visitantes ou prepostos;
VI – não modificar a forma interna ou externa do imóvel sem o consentimento prévio e por escrito do locador;
VII – entregar imediatamente ao locador os documentos de cobrança de tributos e encargos condominiais, bem como qualquer intimação, multa ou exigência de autoridade pública, ainda que dirigida a ele, locatário;
VIII – pagar as despesas de telefone e de consumo de força, luz e gás, água e esgoto;
IX – permitir a vistoria do imóvel pelo locador ou por seu mandatário, mediante combinação prévia de dia e hora, bem como admitir que seja o mesmo visitado e examinado por terceiros, na hipótese prevista no art. 27;
X – cumprir integralmente a convenção de condomínio e os regulamentos internos;
XI – pagar o prêmio do seguro de fiança;
XII – pagar as despesas ordinárias de condomínio.
§ 1º Por despesas ordinárias de condomínio se entendem as necessárias à administração respectiva, especialmente:
a) salários, encargos trabalhistas, contribuições previdenciárias e sociais dos empregados do condomínio;
b) consumo de água e esgoto, gás, luz e força das áreas de uso comum;
c) limpeza, conservação e pintura das instalações e dependências de uso comum;
d) manutenção e conservação das instalações e equipamentos hidráulicos, elétricos, mecânicos e de segurança, de uso comum;
e) manutenção e conservação das instalações e equipamentos de uso comum destinados à prática de esportes e lazer;
f) manutenção e conservação de elevadores, porteiro eletrônico e antenas coletivas;
g) pequenos reparos nas dependências e instalações elétricas e hidráulicas de uso comum;
h) rateios de saldo devedor, salvo se referentes a período anterior ao início da locação;
i) reposição do fundo de reserva, total ou parcialmente utilizado no custeio ou complementação das despesas referidas nas alíneas anteriores, salvo se referentes a período anterior ao início da locação.
§ 2º O locatário fica obrigado ao pagamento das despesas referidas no parágrafo anterior, desde que comprovadas a previsão orçamentária e o rateio mensal, podendo exigir a qualquer tempo a comprovação das mesmas.
§ 3º No edifício constituído por unidades imobiliárias autônomas, de propriedade da mesma pessoa, os locatários ficam obrigados ao pagamento das despesas referidas no § 1º deste artigo, desde que comprovadas.

Art. 24. Nos imóveis utilizados como habitação coletiva multifamiliar, os locatários ou sublocatários poderão depositar judicialmente o aluguel e encargos se a construção for considerada em condições precárias pelo Poder Público.

§ 1º O levantamento dos depósitos somente será deferido com a comunicação, pela autoridade pública, da regularização do imóvel.

§ 2º Os locatários ou sublocatários que deixarem o imóvel estarão desobrigados do aluguel durante a execução das obras necessárias à regularização.

§ 3º Os depósitos efetuados em juízo pelos locatários e sublocatários poderão ser levantados, mediante ordem judicial, para realização das obras ou serviços necessários à regularização do imóvel.

Art. 25. Atribuída ao locatário a responsabilidade pelo pagamento dos tributos, encargos e despesas ordinárias de condomínio, o locador poderá cobrar tais verbas juntamente com o aluguel do mês a que se refiram.

Parágrafo único. Se o locador antecipar os pagamentos, a ele pertencerão as vantagens daí advindas, salvo se o locatário reembolsá-lo integralmente.

Art. 26. Necessitando o imóvel de reparos urgentes, cuja realização incumba ao locador, o locatário é obrigado a consenti-los.

Parágrafo único. Se os reparos durarem mais de dez dias, o locatário terá direito ao abatimento do aluguel, proporcional ao período excedente; se mais de trinta dias, poderá resilir o contrato.

SEÇÃO V
Do direito de preferência

Art. 27. No caso de venda, promessa de venda, cessão ou promessa de cessão de direitos ou dação em pagamento, o locatário tem preferência para adquirir o imóvel locado, em igualdade de condições com terceiros, devendo o locador dar-lhe conhecimento do negócio mediante notificação judicial, extrajudicial ou outro meio de ciência inequívoca.

Parágrafo único. A comunicação deverá conter todas as condições do negócio e, em especial, o preço, a forma de pagamento, a existência de ônus reais, bem como o local e horário em que pode ser examinada a documentação pertinente.

Art. 28. O direito de preferência do locatário caducará se não manifestada, de maneira inequívoca, sua aceitação integral à proposta, no prazo de trinta dias.

Art. 29. Ocorrendo aceitação da proposta, pelo locatário, a posterior desistência do negócio pelo locador acarreta, a este, responsabilidade pelos prejuízos ocasionados, inclusive lucros cessantes.

Art. 30. Estando o imóvel sublocado em sua totalidade, caberá a preferência ao sublocatário e, em seguida, ao locatário. Se forem vários os sublocatários, a preferência caberá a todos, em comum, ou a qualquer deles, se um só for o interessado.

Parágrafo único. Havendo pluralidade de pretendentes, caberá a preferência ao locatário mais antigo, e, se da mesma data, ao mais idoso.

Art. 31. Em se tratando de alienação de mais de uma unidade imobiliária, o direito de preferência incidirá sobre a totalidade dos bens objeto da alienação.

Art. 32. O direito de preferência não alcança os casos de perda da propriedade ou venda por decisão judicial, permuta, doação, integralização de capital, cisão, fusão e incorporação.
Parágrafo único. Nos contratos firmados a partir de 1º de outubro de 2001, o direito de preferência de que trata este artigo não alcançará também os casos de constituição da propriedade fiduciária e de perda da propriedade ou venda por quaisquer formas de realização de garantia, inclusive mediante leilão extrajudicial, devendo essa condição constar expressamente em cláusula contratual específica, destacando-se das demais por sua apresentação gráfica. (Incluído pela Lei n. 10.931, de 2004)
Art. 33. O locatário preterido no seu direito de preferência poderá reclamar do alienante as perdas e danos ou, depositando o preço e demais despesas do ato de transferência, haver para si o imóvel locado, se o requerer no prazo de seis meses, a contar do registro do ato no cartório de imóveis, desde que o contrato de locação esteja averbado pelo menos trinta dias antes da alienação junto à matrícula do imóvel.
Parágrafo único. A averbação far-se-á à vista de qualquer das vias do contrato de locação, desde que subscrito também por duas testemunhas.
Art. 34. Havendo condomínio no imóvel, a preferência do condômino terá prioridade sobre a do locatário.

SEÇÃO VI
Das benfeitorias

Art. 35. Salvo expressa disposição contratual em contrário, as benfeitorias necessárias introduzidas pelo locatário, ainda que não autorizadas pelo locador, bem como as úteis, desde que autorizadas, serão indenizáveis e permitem o exercício do direito de retenção.
Art. 36. As benfeitorias voluptuárias não serão indenizáveis, podendo ser levantadas pelo locatário, finda a locação, desde que sua retirada não afete a estrutura e a substância do imóvel.

SEÇÃO VII
Das garantias locatícias

Art. 37. No contrato de locação, pode o locador exigir do locatário as seguintes modalidades de garantia:
I – caução;
II – fiança;
III – seguro de fiança locatícia.
IV – cessão fiduciária de quotas de fundo de investimento. (Incluído pela Lei n. 11.196, de 2005)
Parágrafo único. É vedada, sob pena de nulidade, mais de uma das modalidades de garantia num mesmo contrato de locação.
Art. 38. A caução poderá ser em bens móveis ou imóveis.

§ 1º A caução em bens móveis deverá ser registrada em cartório de títulos e documentos; a em bens imóveis deverá ser averbada à margem da respectiva matrícula.

§ 2º A caução em dinheiro, que não poderá exceder o equivalente a três meses de aluguel, será depositada em caderneta de poupança, autorizada, pelo Poder Público e por ele regulamentada, revertendo em benefício do locatário todas as vantagens dela decorrentes por ocasião do levantamento da soma respectiva.

§ 3º A caução em títulos e ações deverá ser substituída, no prazo de trinta dias, em caso de concordata, falência ou liquidação das sociedades emissoras.

Art. 39. Salvo disposição contratual em contrário, qualquer das garantias da locação se estende até a efetiva devolução do imóvel.

Art. 40. O locador poderá exigir novo fiador ou a substituição da modalidade de garantia, nos seguintes casos:
I – morte do fiador;
II – ausência, interdição, falência ou insolvência do fiador, declaradas judicialmente;
III – alienação ou gravação de todos os bens imóveis do fiador ou sua mudança de residência sem comunicação ao locador;
IV – exoneração do fiador;
V – prorrogação da locação por prazo indeterminado, sendo a fiança ajustada por prazo certo;
VI – desaparecimento dos bens móveis;
VII – desapropriação ou alienação do imóvel;
VIII – exoneração de garantia constituída por quotas de fundo de investimento; (Incluído pela Lei n. 11.196, de 2005)
IX – liquidação ou encerramento do fundo de investimento de que trata o inciso IV do art. 37 desta Lei. (Incluído pela Lei n. 11.196, de 2005)

Art. 41. O seguro de fiança locatícia abrangerá a totalidade das obrigações do locatário.

Art. 42. Não estando a locação garantida por qualquer das modalidades, o locador poderá exigir do locatário o pagamento do aluguel e encargos até o sexto dia útil do mês vincendo.

SEÇÃO VIII
Das penalidades criminais e civis

Art. 43. Constitui contravenção penal, punível com prisão simples de cinco dias a seis meses ou multa de três a doze meses do valor do último aluguel atualizado, revertida em favor do locatário:
I – exigir, por motivo de locação ou sublocação, quantia ou valor além do aluguel e encargos permitidos;
II – exigir, por motivo de locação ou sublocação, mais de uma modalidade de garantia num mesmo contrato de locação;
III – cobrar antecipadamente o aluguel, salvo a hipótese do art. 42 e da locação para temporada.

Art. 44. Constitui crime de ação pública, punível com detenção de três meses a um ano, que poderá ser substituída pela prestação de serviços à comunidade:
I – recusar-se o locador ou sublocador, nas habitações coletivas multifamiliares, a fornecer recibo discriminado do aluguel e encargos;
II – deixar o retomante, dentro de cento e oitenta dias após a entrega do imóvel, no caso do inciso III do art. 47, de usá-lo para o fim declarado ou, usando-o, não o fizer pelo prazo mínimo de um ano;
III – não iniciar o proprietário, promissário comprador ou promissário cessionário, nos casos do inciso IV do art. 9º, inciso IV do art. 47, inciso I do art. 52 e inciso II do art. 53, a demolição ou a reparação do imóvel, dentro de sessenta dias contados de sua entrega;
IV – executar o despejo com inobservância do disposto no § 2º do art. 65.
Parágrafo único. Ocorrendo qualquer das hipóteses previstas neste artigo, poderá o prejudicado reclamar, em processo próprio, multa equivalente a um mínimo de doze e um máximo de vinte e quatro meses do valor do último aluguel atualizado ou do que esteja sendo cobrado do novo locatário, se realugado o imóvel.

SEÇÃO IX
Das nulidades

Art. 45. São nulas de pleno direito as cláusulas do contrato de locação que visem a elidir os objetivos da presente lei, notadamente as que proíbam a prorrogação prevista no art. 47, ou que afastem o direito à renovação, na hipótese do art. 51, ou que imponham obrigações pecuniárias para tanto.

CAPÍTULO II
Das Disposições Especiais

SEÇÃO I
Da locação residencial

Art. 46. Nas locações ajustadas por escrito e por prazo igual ou superior a trinta meses, a resolução do contrato ocorrerá findo o prazo estipulado, independentemente de notificação ou aviso.
§ 1º Findo o prazo ajustado, se o locatário continuar na posse do imóvel alugado por mais de trinta dias sem oposição do locador, presumir-se-á prorrogada a locação por prazo indeterminado, mantidas as demais cláusulas e condições do contrato.
§ 2º Ocorrendo a prorrogação, o locador poderá denunciar o contrato a qualquer tempo, concedido o prazo de trinta dias para desocupação.
Art. 47. Quando ajustada verbalmente ou por escrito e com prazo inferior a trinta meses, findo o prazo estabelecido, a locação prorroga-se automaticamente, por prazo indeterminado, somente podendo ser retomado o imóvel:
I – nos casos do art. 9º;

II – em decorrência de extinção do contrato de trabalho, se a ocupação do imóvel pelo locatário estiver relacionada com o seu emprego;
III – se for pedido para uso próprio, de seu cônjuge ou companheiro, ou para uso residencial de ascendente ou descendente que não disponha, assim como seu cônjuge ou companheiro, de imóvel residencial próprio;
IV – se for pedido para demolição e edificação licenciada ou para a realização de obras aprovadas pelo Poder Público, que aumentem a área construída, em, no mínimo, vinte por cento ou, se o imóvel for destinado a exploração de hotel ou pensão, em cinquenta por cento;
V – se a vigência ininterrupta da locação ultrapassar cinco anos.

§ 1º Na hipótese do inciso III, a necessidade deverá ser judicialmente demonstrada, se:
a) o retomante, alegando necessidade de usar o imóvel, estiver ocupando, com a mesma finalidade, outro de sua propriedade situado na mesma localidade ou, residindo ou utilizando imóvel alheio, já tiver retomado o imóvel anteriormente;
b) o ascendente ou descendente, beneficiário da retomada, residir em imóvel próprio.

§ 2º Nas hipóteses dos incisos III e IV, o retomante deverá comprovar ser proprietário, promissário comprador ou promissário cessionário, em caráter irrevogável, com imissão na posse do imóvel e título registrado junto à matrícula do mesmo.

SEÇÃO II
Da locação para temporada

Art. 48. Considera-se locação para temporada aquela destinada à residência temporária do locatário, para prática de lazer, realização de cursos, tratamento de saúde, feitura de obras em seu imóvel, e outros fatos que decorrem tão-somente de determinado tempo, e contratada por prazo não superior a noventa dias, esteja ou não mobiliado o imóvel.
Parágrafo único. No caso de a locação envolver imóvel mobiliado, constará do contrato, obrigatoriamente, a descrição dos móveis e utensílios que o guarnecem, bem como o estado em que se encontram.
Art. 49. O locador poderá receber de uma só vez e antecipadamente os aluguéis e encargos, bem como exigir qualquer das modalidades de garantia previstas no art. 37 para atender as demais obrigações do contrato.
Art. 50. Findo o prazo ajustado, se o locatário permanecer no imóvel sem oposição do locador por mais de trinta dias, presumir-se-á prorrogada a locação por tempo indeterminado, não mais sendo exigível o pagamento antecipado do aluguel e dos encargos.
Parágrafo único. Ocorrendo a prorrogação, o locador somente poderá denunciar o contrato após trinta meses de seu início ou nas hipóteses do art. 47.

SEÇÃO III
Da locação não residencial

Art. 51. Nas locações de imóveis destinados ao comércio, o locatário terá direito a renovação do contrato, por igual prazo, desde que, cumulativamente:

I – o contrato a renovar tenha sido celebrado por escrito e com prazo determinado;
II – o prazo mínimo do contrato a renovar ou a soma dos prazos ininterruptos dos contratos estiver escritos seja de cinco anos;
III – o locatário esteja explorando seu comércio, no mesmo ramo, pelo prazo mínimo e ininterrupto de três anos.
§ 1º O direito assegurado neste artigo poderá ser exercido pelos cessionários ou sucessores da locação; no caso de sublocação total do imóvel, o direito a renovação somente poderá ser exercido pelo sublocatário.
§ 2º Quando o contrato autorizar que o locatário utilize o imóvel para as atividades de sociedade de que faça parte e que a esta passe a pertencer o fundo de comércio, o direito a renovação poderá ser exercido pelo locatário ou pela sociedade.
§ 3º Dissolvida a sociedade comercial por morte de um dos sócios, o sócio sobrevivente fica sub-rogado no direito a renovação, desde que continue no mesmo ramo.
§ 4º O direito a renovação do contrato estende-se às locações celebradas por indústrias e sociedades civis com fim lucrativo, regularmente constituídas, desde que ocorrentes os pressupostos previstos neste artigo.
§ 5º Do direito a renovação decai aquele que não propuser a ação no interregno de um ano, no máximo, até seis meses, no mínimo, anteriores à data da finalização do prazo do contrato em vigor.
Art. 52. O locador não estará obrigado a renovar o contrato se:
I – por determinação do Poder Público, tiver que realizar no imóvel obras que importarem na sua radical transformação; ou para fazer modificações de tal natureza que aumente o valor do negócio ou da propriedade;
II – o imóvel vier a ser utilizado por ele próprio ou para transferência de fundo de comércio existente há mais de um ano, sendo detentor da maioria do capital o locador, seu cônjuge, ascendente ou descendente.
§ 1º Na hipótese do inciso II, o imóvel não poderá ser destinado ao uso do mesmo ramo do locatário, salvo se a locação também envolvia o fundo de comércio, com as instalações e pertences.
§ 2º Nas locações de espaço em *shopping centers*, o locador não poderá recusar a renovação do contrato com fundamento no inciso II deste artigo.
§ 3º O locatário terá direito a indenização para ressarcimento dos prejuízos e dos lucros cessantes que tiver que arcar com mudança, perda do lugar e desvalorização do fundo de comércio, se a renovação não ocorrer em razão de proposta de terceiro, em melhores condições, ou se o locador, no prazo de três meses da entrega do imóvel, não der o destino alegado ou não iniciar as obras determinadas pelo Poder Público ou que declarou pretender realizar.
Art. 53. Nas locações de imóveis utilizados por hospitais, unidades sanitárias oficiais, asilos, bem como de estabelecimento de saúde e de ensino autorizados e fiscalizados pelo Poder Público, o contrato somente poderá ser rescindido:
Art. 53. Nas locações de imóveis utilizados por hospitais, unidades sanitárias oficiais, asilos, estabelecimentos de saúde e de ensino autorizados e fiscalizados pelo Poder Público, bem como por entidades religiosas devidamente registradas, o contrato somente poderá ser rescindido. (Redação dada pela Lei n. 9.256, de 9.1.1996)

I – nas hipóteses do art. 9º;
II – se o proprietário, promissário comprador ou promissário cessionário, em caráter irrevogável e imitido na posse, com título registrado, que haja quitado o preço da promessa ou que, não o tendo feito, seja autorizado pelo proprietário, pedir o imóvel para demolição, edificação licenciada ou reforma que venha a resultar em aumento mínimo de cinquenta por cento da área útil.

Art. 54. Nas relações entre lojistas e empreendedores de *shopping center*, prevalecerão as condições livremente pactuadas nos contratos de locação respectivos e as disposições procedimentais previstas nesta lei.

§ 1º O empreendedor não poderá cobrar do locatário em *shopping center*:
a) as despesas referidas nas alíneas *a*, *b* e *d* do parágrafo único do art. 22; e
b) as despesas com obras ou substituições de equipamentos, que impliquem modificar o projeto ou o memorial descritivo da data do habite-se e obras de paisagismo nas partes de uso comum.

§ 2º As despesas cobradas do locatário devem ser previstas em orçamento, salvo casos de urgência ou força maior, devidamente demonstradas, podendo o locatário, a cada sessenta dias, por si ou entidade de classe exigir a comprovação das mesmas.

Art. 55. Considera-se locação não residencial quando o locatário for pessoa jurídica e o imóvel destinar-se ao uso de seus titulares, diretores, sócios, gerentes, executivos ou empregados.

Art. 56. Nos demais casos de locação não residencial, o contrato por prazo determinado cessa, de pleno direito, findo o prazo estipulado, independentemente de notificação ou aviso.

Parágrafo único. Findo o prazo estipulado, se o locatário permanecer no imóvel por mais de trinta dias sem oposição do locador, presumir-se-á prorrogada a locação nas condições ajustadas, mas sem prazo determinado.

Art. 57. O contrato de locação por prazo indeterminado pode ser denunciado por escrito, pelo locador, concedidos ao locatário trinta dias para a desocupação.

TÍTULO II
Dos Procedimentos

CAPÍTULO I
Das Disposições Gerais

Art. 58. Ressalvados os casos previstos no parágrafo único do art. 1º, nas ações de despejo, consignação em pagamento de aluguel e acessório da locação, revisionais de aluguel e renovatórias de locação, observar-se-á o seguinte:
I – os processos tramitam durante as férias forenses e não se suspendem pela superveniência delas;
II – é competente para conhecer e julgar tais ações o foro do lugar da situação do imóvel, salvo se outro houver sido eleito no contrato;
III – o valor da causa corresponderá a doze meses de aluguel, ou, na hipótese do inciso II do art. 47, a três salários vigentes por ocasião do ajuizamento;

IV – desde que autorizado no contrato, a citação, intimação ou notificação far-se-á mediante correspondência com aviso de recebimento, ou, tratando-se de pessoa jurídica ou firma individual, também mediante telex ou *fac-símile*, ou, ainda, sendo necessário, pelas demais formas previstas no Código de Processo Civil;
V – os recursos interpostos contra as sentenças terão efeito somente devolutivo.

CAPÍTULO II
Das Ações de Despejo

Art. 59. Com as modificações constantes deste capítulo, as ações de despejo terão o rito ordinário.
§ 1º Conceder-se-á liminar para desocupação em quinze dias, independentemente da audiência da parte contrária e desde que prestada a caução no valor equivalente a três meses de aluguel, nas ações que tiverem por fundamento exclusivo:
I – o descumprimento do mútuo acordo (art. 9º, inciso I), celebrado por escrito e assinado pelas partes e por duas testemunhas, no qual tenha sido ajustado o prazo mínimo de seis meses para desocupação, contado da assinatura do instrumento;
II – o disposto no inciso II do art. 47, havendo prova escrita da rescisão do contrato de trabalho ou sendo ela demonstrada em audiência prévia;
III – o término do prazo da locação para temporada, tendo sido proposta a ação de despejo em até trinta dias após o vencimento do contrato;
IV – a morte do locatário sem deixar sucessor legítimo na locação, de acordo com o referido no inciso I do art. 11, permanecendo no imóvel pessoas não autorizadas por lei;
V – a permanência do sublocatário no imóvel, extinta a locação, celebrada com o locatário.
§ 2º Qualquer que seja o fundamento da ação dar-se-á ciência do pedido aos sublocatários, que poderão intervir no processo como assistentes.
Art. 60. Nas ações de despejo fundadas no inciso IV do art. 9º, inciso IV do art. 47 e inciso II do art. 53, a petição inicial deverá ser instruída com prova da propriedade do imóvel ou do compromisso registrado.
Art. 61. Nas ações fundadas no § 2º do art. 46 e nos incisos III e IV do art. 47, se o locatário, no prazo da contestação, manifestar sua concordância com a desocupação do imóvel, o juiz acolherá o pedido fixando prazo de seis meses para a desocupação, contados da citação, impondo ao vencido a responsabilidade pelas custas e honorários advocatícios de vinte por cento sobre o valor dado à causa. Se a desocupação ocorrer dentro do prazo fixado, o réu ficará isento dessa responsabilidade; caso contrário, será expedido mandado de despejo.
Art. 62. Nas ações de despejo fundadas na falta de pagamento de aluguel e acessórios da locação, observar-se-á o seguinte:
I – o pedido de rescisão da locação poderá ser cumulado com o de cobrança dos aluguéis e acessórios da locação, devendo ser apresentado, com a inicial, cálculo discriminado do valor do débito;

II – o locatário poderá evitar a rescisão da locação requerendo, no prazo da contestação, autorização para o pagamento do débito atualizado, independentemente de cálculo e mediante depósito judicial, incluídos:
a) os aluguéis e acessórios da locação que vencerem até a sua efetivação;
b) as multas ou penalidades contratuais, quando exigíveis;
c) os juros de mora;
d) as custas e os honorários do advogado do locador, fixados em dez por cento sobre o montante devido, se do contrato não constar disposição diversa.
III – autorizada a emenda da mora e efetuado o depósito judicial até quinze dias após a intimação do deferimento, se o locador alegar que a oferta não é integral, justificando a diferença, o locatário poderá complementar o depósito no prazo de dez dias, contados da ciência dessa manifestação;
IV – não sendo complementado o depósito, pedido de rescisão prosseguirá pela diferença, podendo o locador levantar a quantia depositada;
V – os aluguéis que forem vencendo até a sentença deverão ser depositados à disposição do juízo, nos respectivos vencimentos, podendo o locador levantá-los desde que incontroversos;
VI – havendo cumulação dos pedidos de rescisão da locação e cobrança dos aluguéis, a execução desta pode ter início antes da desocupação do imóvel, caso ambos tenham sido acolhidos.
Parágrafo único. Não se admitirá a emenda da mora se o locatário já houver utilizado essa faculdade por duas vezes nos doze meses imediatamente anteriores à propositura da ação.
Art. 63. Julgada procedente a ação de despejo, o juiz fixará prazo de trinta dias para a desocupação voluntária, ressalvado o disposto nos parágrafos seguintes:
§ 1º O prazo será de quinze dias se:
a) entre a citação e a sentença de primeira instância houverem decorrido mais de quatro meses; ou
b) o despejo houver sido decretado com fundamento nos incisos II e III do art. 9º ou no § 2º do art. 46.
§ 2º Tratando-se de estabelecimento de ensino autorizado e fiscalizado pelo Poder Público, respeitado o prazo mínimo de seis meses e o máximo de um ano, o juiz disporá de modo que a desocupação coincida com o período de férias escolares.
§ 3º Tratando-se de hospitais, repartições públicas, unidades sanitárias oficiais, asilos e estabelecimentos de saúde e de ensino autorizados e fiscalizados pelo Poder Público, e o despejo for decretado com fundamento no inciso IV do art. 9º ou no inciso II do art. 53, o prazo será de um ano, exceto nos casos em que entre a citação e a sentença de primeira instância houver decorrido mais de um ano, hipótese em que o prazo será de seis meses.
§ 3º Tratando-se de hospitais, repartições públicas, unidades sanitárias oficiais, asilos, estabelecimentos de saúde e de ensino autorizados e fiscalizados pelo Poder Público, bem como por entidades religiosas devidamente registradas, e o despejo for decretado com fundamento no inciso IV do art. 9º ou no inciso II do art. 53, o prazo será de um ano, exceto no caso em que entre a citação e a sentença de primeira instância houver

decorrido mais de um ano, hipótese em que o prazo será de seis meses. (Redação dada pela Lei n. 9.256, de 9.1.1996)
§ 4º A sentença que decretar o despejo fixará o valor da caução para o caso de ser executada provisoriamente.
Art. 64. Salvo nas hipóteses das ações fundadas nos incisos I, II e IV do art. 9º, a execução provisória do despejo dependerá de caução não inferior a doze meses e nem superior a dezoito meses do aluguel, atualizado até a data do depósito da caução.
§ 1º A caução poderá ser real ou fidejussória e será prestada nos autos da execuçãc provisória.
§ 2º Ocorrendo a reforma da sentença ou da decisão que concedeu liminarmente o despejo, o valor da caução reverterá em favor do réu, como indenização mínima das perdas e danos, podendo este reclamar, em ação própria, a diferença pelo que a exceder.
Art. 65. Findo o prazo assinado para a desocupação, contado da data da notificação, será efetuado o despejo, se necessário com emprego de força, inclusive arrombamento.
§ 1º Os móveis e utensílios serão entregues à guarda de depositário, se não os quiser retirar o despejado.
§ 2º O despejo não poderá ser executado até o trigésimo dia seguinte ao do falecimento do cônjuge, ascendente, descendente ou irmão de qualquer das pessoas que habitem o imóvel.
Art. 66. Quando o imóvel for abandonado após ajuizada a ação, o locador poderá imitir-se na posse do imóvel.

CAPÍTULO III
Da Ação de Consignação de Aluguel e Acessórios da Locação

Art. 67. Na ação que objetivar o pagamento dos aluguéis e acessórios da locação mediante consignação, será observado o seguinte:
I – a petição inicial, além dos requisitos exigidos pelo art. 282 do Código de Processo Civil, deverá especificar os aluguéis e acessórios da locação com indicação dos respectivos valores;
II – determinada a citação do réu, o autor será intimado a, no prazo de vinte e quatro horas, efetuar o depósito judicial da importância indicada na petição inicial, sob pena de ser extinto o processo;
III – o pedido envolverá a quitação das obrigações que vencerem durante a tramitação do feito e até ser prolatada a sentença de primeira instância, devendo o autor promover os depósitos nos respectivos vencimentos;
IV – não sendo oferecida a contestação, ou se o locador receber os valores depositados, o juiz acolherá o pedido, declarando quitadas as obrigações, condenando o réu ao pagamento das custas e honorários de vinte por cento do valor dos depósitos;
V – a contestação do locador, além da defesa de direito que possa caber, ficará adstrita, quanto à matéria de fato, a:
a) não ter havido recusa ou mora em receber a quantia devida;

b) ter sido justa a recusa;
c) não ter sido efetuado o depósito no prazo ou no lugar do pagamento;
d) não ter sido o depósito integral.

VI – além de contestar, o réu poderá, em reconvenção, pedir o despejo e a cobrança dos valores objeto da consignatória ou da diferença do depósito inicial, na hipótese de ter sido alegado não ser o mesmo integral;

VII – o autor poderá complementar o depósito inicial, no prazo de cinco dias contados da ciência do oferecimento da resposta, com acréscimo de dez por cento sobre o valor da diferença. Se tal ocorrer, o juiz declarará quitadas as obrigações, elidindo a rescisão da locação, mas imporá ao autor-reconvindo a responsabilidade pelas custas e honorários advocatícios de vinte por cento sobre o valor dos depósitos;

VIII – havendo, na reconvenção, cumulação dos pedidos de rescisão da locação e cobrança dos valores objeto da consignatória, a execução desta somente poderá ter início após obtida a desocupação do imóvel, caso ambos tenham sido acolhidos.

Parágrafo único. O réu poderá levantar a qualquer momento as importâncias depositadas sobre as quais não penda controvérsia.

CAPÍTULO IV
Da Ação Revisional de Aluguel

Art. 68. Na ação revisional de aluguel, que terá o rito sumaríssimo, observar-se-á o seguinte:

I – além dos requisitos exigidos pelos arts. 276 e 282 do Código de Processo Civil, a petição inicial deverá indicar o valor do aluguel cuja fixação é pretendida;

II – ao designar a audiência de instrução e julgamento, o juiz, se houver pedido e com base nos elementos fornecidos pelo autor ou nos que indicar, fixará aluguel provisório, não excedente a oitenta por cento do pedido, que será devido desde a citação;

III – sem prejuízo da contestação e até a audiência, o réu poderá pedir seja revisto o aluguel provisório, fornecendo os elementos para tanto;

IV – na audiência de instrução e julgamento, apresentada a contestação, que deverá conter contraproposta se houver discordância quanto ao valor pretendido, o juiz tentará a conciliação e, não sendo esta possível, suspenderá o ato para a realização de perícia, se necessária, designando, desde logo, audiência em continuação.

§ 1º Não caberá ação revisional na pendência de prazo para desocupação do imóvel (arts. 46, § 2º, e 57), ou quando tenha sido este estipulado amigável ou judicialmente.

§ 2º No curso da ação de revisão, o aluguel provisório será reajustado na periodicidade pactuada ou na fixada em lei.

Art. 69. O aluguel fixado na sentença retroage à citação, e as diferenças devidas durante a ação de revisão, descontados os alugueres provisórios satisfeitos, serão pagas corrigidas, exigíveis a partir do trânsito em julgado da decisão que fixar o novo aluguel.

§ 1º Se pedido pelo locador, ou sublocador, a sentença poderá estabelecer periodicidade de reajustamento do aluguel diversa daquela prevista no contrato revisando, bem como adotar outro indexador para reajustamento do aluguel.

§ 2º A execução das diferenças será feita nos autos da ação de revisão.

Art. 70. Na ação de revisão do aluguel, o juiz poderá homologar acordo de desocupação, que será executado mediante expedição de mandado de despejo.

CAPÍTULO V
Da Ação Renovatória

Art. 71. Além dos demais requisitos exigidos no art. 282 do Código de Processo Civil, a petição inicial da ação renovatória deverá ser instruída com:
I – prova do preenchimento dos requisitos dos incisos I, II e III do art. 51;
II – prova do exato cumprimento do contrato em curso;
III – prova da quitação dos impostos e taxas que incidiram sobre o imóvel e cujo pagamento lhe incumbia;
IV – indicação clara e precisa das condições oferecidas para a renovação da locação;
V – indicação de fiador quando houver no contrato a renovar e, quando não for o mesmo, com indicação do nome ou denominação completa, número de sua inscrição no Ministério da Economia, Fazenda e Planejamento, endereço e, tratando-se de pessoa natural, a nacionalidade, o estado civil, a profissão e o número da carteira de identidade, comprovando, em qualquer caso e desde logo, a idoneidade financeira;
VI – prova de que o fiador do contrato ou o que o substituir na renovação aceita os encargos da fiança, autorizado por seu cônjuge, se casado for;
VII – prova, quando for o caso, de ser cessionário ou sucessor, em virtude de título oponível ao proprietário.
Parágrafo único. Proposta a ação pelo sublocatário do imóvel ou de parte dele, serão citados o sublocador e o locador, como litisconsortes, salvo se, em virtude de locação originária ou renovada, o sublocador dispuser de prazo que admita renovar a sublocação; na primeira hipótese, procedente a ação, o proprietário ficará diretamente obrigado à renovação.
Art. 72. A contestação do locador, além da defesa de direito que possa caber, ficará adstrita, quanto à matéria de fato, ao seguinte:
I – não preencher o autor os requisitos estabelecidos nesta lei;
II – não atender, a proposta do locatário, o valor locativo real do imóvel na época da renovação, excluída a valorização trazida por aquele ao ponto ou lugar;
III – ter proposta de terceiro para a locação, em condições melhores;
IV – não estar obrigado a renovar a locação (incisos I e II do art. 52).
§ 1º No caso do inciso II, o locador deverá apresentar, em contraproposta, as condições de locação que repute compatíveis com o valor locativo real e atual do imóvel.
§ 2º No caso do inciso III, o locador deverá juntar prova documental da proposta do terceiro, subscrita por este e por duas testemunhas, com clara indicação do ramo a ser explorado, que não poderá ser o mesmo do locatário. Nessa hipótese, o locatário poderá, em réplica, aceitar tais condições para obter a renovação pretendida.
§ 3º No caso do inciso I do art. 52, a contestação deverá trazer prova da determinação do Poder Público ou relatório pormenorizado das obras a serem realizadas e da

estimativa de valorização que sofrerá o imóvel, assinado por engenheiro devidamente habilitado.

§ 4º Na contestação, o locador, ou sublocador, poderá pedir, ainda, a fixação de aluguel provisório, para vigorar a partir do primeiro mês do prazo do contrato a ser renovado, não excedente a oitenta por cento do pedido, desde que apresentados elementos hábeis para aferição do justo valor do aluguel.

§ 5º Se pedido pelo locador, ou sublocador, a sentença poderá estabelecer periodicidade de reajustamento do aluguel diversa daquela prevista no contrato renovando, bem como adotar outro indexador para reajustamento do aluguel.

Art. 73. Renovada a locação, as diferenças dos aluguéis vencidos serão executadas nos próprios autos da ação e pagas de uma só vez.

Art. 74. Não sendo renovada a locação, o juiz fixará o prazo de até seis meses após o trânsito em julgado da sentença para desocupação, se houver pedido na contestação.

Art. 75. Na hipótese do inciso III do art. 72, a sentença fixará desde logo a indenização devida ao locatário em consequência da não prorrogação da locação, solidariamente devida pelo locador e o proponente.

TÍTULO III
Das Disposições Finais e Transitórias

Art. 76. Não se aplicam as disposições desta lei aos processos em curso.

Art. 77. Todas as locações residenciais que tenham sido celebradas anteriormente à vigência desta lei serão automaticamente prorrogadas por tempo indeterminado, ao término do prazo ajustado no contrato.

Art. 78. As locações residenciais que tenham sido celebradas anteriormente à vigência desta lei e que já vigorem ou venham a vigorar por prazo indeterminado, poderão ser denunciadas pelo locador, concedido o prazo de doze meses para a desocupação.

Parágrafo único. Na hipótese de ter havido revisão judicial ou amigável do aluguel, atingindo o preço do mercado, a denúncia somente poderá ser exercitada após vinte e quatro meses da data da revisão, se esta ocorreu nos doze meses anteriores à data da vigência desta lei.

Art. 79. No que for omissa esta lei aplicam-se as normas do Código Civil e do Código de Processo Civil.

Art. 80. Para os fins do inciso I do art. 98 da Constituição Federal, as ações de despejo poderão ser consideradas como causas cíveis de menor complexidade.

Art. 81. O inciso II do art. 167 e o art. 169 da Lei n. 6.015, de 31 de dezembro de 1973, passam a vigorar com as seguintes alterações:

"**Art. 167.** ....

II – ....

16) do contrato de locação, para os fins de exercício de direito de preferência."

"**Art. 169.** ....

....

III – o registro previsto no n. 3 do inciso I do art. 167, e a averbação prevista no n. 16 do inciso II do art. 167 serão efetuados no cartório onde o imóvel esteja matriculado mediante apresentação de qualquer das vias do contrato, assinado pelas partes e subscrito por duas testemunhas, bastando a coincidência entre o nome de um dos proprietários e o locador."

Art. 82. O art. 3º da Lei n. 8.009, de 29 de março de 1990, passa a vigorar acrescido do seguinte inciso VII:

"**Art. 3º** ....
....
VII – por obrigação decorrente de fiança concedida em contrato de locação."

Art. 83. Ao art. 24 da Lei n. 4.591, de 16 de dezembro de 1964, fica acrescido o seguinte § 4º:

"**Art. 24.** ....
....

§ 4º Nas decisões da assembleia que envolvam despesas ordinárias do condomínio, o locatário poderá votar, caso o condômino locador a ela não compareça."

Art. 84. Reputam-se válidos os registros dos contratos de locação de imóveis, realizados até a data da vigência desta lei.

Art. 85. Nas locações residenciais, é livre a convenção do aluguel quanto a preço, periodicidade e indexador de reajustamento, vedada a vinculação à variação do salário mínimo, variação cambial e moeda estrangeira:
I – dos imóveis novos com habite-se concedido a partir da entrada em vigor desta lei;
II – dos demais imóveis não enquadrados no inciso anterior, em relação aos contratos celebrados, após cinco anos de entrada em vigor desta lei.

Art. 86. O art. 8º da Lei n. 4.380, de 21 de agosto de 1964, passa a vigorar com a seguinte redação:

"**Art. 8º** O sistema financeiro da habitação, destinado a facilitar e promover a construção e a aquisição da casa própria ou moradia, especialmente pelas classes de menor renda da população, será integrado. "

Art. 87. (Vetado).
Art. 88. (Vetado).
Art. 89. Esta lei entrará em vigor sessenta dias após a sua publicação.
Art. 90. Revogam-se as disposições em contrário, especialmente:
I – o Decreto n. 24.150, de 20 de abril de 1934;
II – a Lei n. 6.239, de 19 de setembro de 1975;
III – a Lei n. 6.649, de 16 de maio de 1979;
IV – a Lei n. 6.698, de 15 de outubro de 1979;
V – a Lei n. 7.355, de 31 de agosto de 1985;
VI – a Lei n. 7.538, de 24 de setembro de 1986;
VII – a Lei n. 7.612, de 9 de julho de 1987; e
VIII – a Lei n. 8.157, de 3 de janeiro de 1991.
Brasília, 18 de outubro de 1991; 170º da Independência e 103º da República.
FERNANDO COLLOR
Jarbas Passarinho

Lei n. 4.591, de 16 de Dezembro de 1964

*Dispõe sobre o condomínio em edificações
e as incorporações imobiliárias.*

O PRESIDENTE DA REPÚBLICA:
Faço saber que o CONGRESSO NACIONAL decreta e eu sanciono a seguinte Lei:

TÍTULO I
DO CONDOMÍNIO

Art. 1º As edificações ou conjuntos de edificações, de um ou mais pavimentos, construídos sob a forma de unidades isoladas entre si, destinadas a fins residenciais ou não-residenciais, poderão ser alienados, no todo ou em parte, objetivamente considerados, e constituirá, cada unidade, propriedade autônoma sujeita às limitações desta Lei.

Art. 2º Cada unidade com saída para a via pública, diretamente ou por processo de passagem comum, será sempre tratada como objeto de propriedade exclusiva, qualquer que seja o número de suas peças e sua destinação, inclusive (VETADO) edifício-garagem, com ressalva das restrições que se lhe imponham.

§ 1º O direito à guarda de veículos nas garagens ou locais a isso destinados nas edificações ou conjuntos de edificações será tratado como objeto de propriedade exclusiva, com ressalva das restrições que ao mesmo sejam impostas por instrumentos contratuais adequados, e será vinculada à unidade habitacional a que corresponder, no caso de não lhe ser atribuída fração ideal específica de terreno. (Parágrafo incluído pela Lei n. 4.864, de 29.11.1965)

§ 2º O direito de que trata o § 1º deste artigo poderá ser transferido a outro condômino, independentemente da alienação da unidade a que corresponder, vedada sua transferência a pessoas estranhas ao condomínio. (Parágrafo incluído pela Lei n. 4.864, de 29.11.1965)

§ 3º Nos edifícios-garagens, às vagas serão atribuídas frações ideais de terreno específicas. (Parágrafo incluído pela Lei n. 4.864, de 29.11.1965)

Art. 3º O terreno em que se levantam a edificação ou o conjunto de edificações e suas instalações, bem como as fundações, paredes externas, o teto, as áreas internas de ventilação, e tudo o mais que sirva a qualquer dependência de uso comum dos proprietários ou titulares de direito à aquisição de unidades ou ocupantes, constituirão condomínio de todos, e serão insuscetíveis de divisão, ou de alienação destacada da respectiva unidade. Serão, também, insuscetíveis de utilização exclusiva por qualquer condômino (VETADO).

Art. 4º A alienação de cada unidade, a transferência de direitos pertinentes à sua aquisição e a constituição de direitos reais sobre ela independerão do consentimento dos condôminos (VETADO).

Parágrafo único. O adquirente de uma unidade responde pelos débitos do alienante, em relação ao condomínio, inclusive multas.

Parágrafo único. A alienação ou transferência de direitos de que trata este artigo dependerá de prova de quitação das obrigações do alienante para com o respectivo condomínio. (Redação dada pela Lei n. 7.182, de 27.3.1984)

Art. 5º O condomínio por meação de parede, soalhos e tetos das unidades isoladas regular-se-á pelo disposto no Código Civil, no que lhe for aplicável.

Art. 6º Sem prejuízo do disposto nesta Lei, regular-se-á pelas disposições de direito comum o condomínio por quota ideal de mais de uma pessoa sobre a mesma unidade autônoma.

Art. 7º O condomínio por unidades autônomas instituir-se-á por ato entre vivos ou por testamento, com inscrição obrigatória, no Registro de Imóveis, dele constando: a individualização de cada unidade, sua identificação e discriminação, bem como a fração ideal sobre o terreno e partes comuns, atribuída a cada unidade, dispensando-se a descrição interna da unidade.

Art. 8º Quando, em terreno onde não houver edificação, o proprietário, o promitente comprador, o cessionário deste ou o promitente cessionário sobre ele desejar erigir mais de uma edificação, observar-se-á também o seguinte:

a) em relação às unidades autônomas que se constituírem em casas térreas ou assobradadas, será discriminada a parte do terreno ocupada pela edificação e também aquela eventualmente reservada como de utilização exclusiva dessas casas, como jardim e quintal, bem assim a fração ideal do todo do terreno e de partes comuns, que corresponderá às unidades;

b) em relação às unidades autônomas que constituírem edifícios de dois ou mais pavimentos, será discriminada a parte do terreno ocupada pela edificação, aquela que eventualmente for reservada como de utilização exclusiva, correspondente às unidades do edifício, e ainda a fração ideal do todo do terreno e de partes comuns, que corresponderá a cada uma das unidades;

c) serão discriminadas as partes do total do terreno que poderão ser utilizadas em comum pelos titulares de direito sobre os vários tipos de unidades autônomas;

d) serão discriminadas as áreas que se constituírem em passagem comum para as vias públicas ou para as unidades entre si.

CAPÍTULO II
Da Convenção de Condomínio

Art. 9º Os proprietários, promitentes compradores, cessionários ou promitentes cessionários dos direitos pertinentes à aquisição de unidades autônomas, em edificações a serem construídas, em construção ou já construídas, elaborarão, por escrito, a Convenção de condomínio, e deverão, também, por contrato ou por deliberação em assembleia, aprovar o Regimento Interno da edificação ou conjunto de edificações.

§ 1º Far-se-á o registro da Convenção no Registro de Imóveis, bem como a averbação das suas eventuais alterações.

§ 2º Considera-se aprovada, e obrigatória para os proprietários de unidades, promitentes compradores, cessionários e promitentes cessionários, atuais e futuros, como para qualquer ocupante, a Convenção que reúna as assinaturas de titulares de direitos que representem, no mínimo, ⅔ (dois terços) das frações ideais que compõem o condomínio.

§ 3º Além de outras normas aprovadas pelos interessados, a Convenção deverá conter
a) a discriminação das partes de propriedade exclusiva, e as de condomínio, com especificações das diferentes áreas;
b) o destino das diferentes partes;
c) o modo de usar as coisas e serviços comuns;
d) encargos, forma e proporção das contribuições dos condôminos para as despesas de custeio e para as extraordinárias;
e) o modo de escolher o síndico e o Conselho Consultivo;
f) as atribuições do síndico, além das legais;
g) a definição da natureza gratuita ou remunerada de suas funções;
h) o modo e o prazo de convocação das assembleias gerais dos condôminos;
i) o *quorum* para os diversos tipos de votações;
j) a forma de contribuição para constituição de fundo de reserva;
l) a forma e o *quorum* para as alterações de convenção;
m) a forma e o *quorum* para a aprovação do Regimento Interno quando não incluídos na própria Convenção.

§ 4º No caso de conjunto de edificações, a que se refere o art. 8º, a Convenção de condomínio fixará os direitos e as relações de propriedade entre os condôminos das várias edificações, podendo estipular formas pelas quais se possam desmembrar e alienar porções do terreno, inclusive as edificadas. (Parágrafo incluído pela Lei n. 4.864, de 29.11.1965)

Art. 10. É defeso a qualquer condômino:
I – alterar a forma externa da fachada;
II – decorar as partes e esquadrias externas com tonalidades ou cores diversas das empregadas no conjunto da edificação;
III – destinar a unidade a utilização diversa de finalidade do prédio, ou usá-la de forma nociva ou perigosa ao sossego, à salubridade e à segurança dos demais condôminos;
IV – embaraçar o uso das partes comuns.

§ 1º O transgressor ficará sujeito ao pagamento de multa prevista na Convenção ou no Regulamento do condomínio, além de ser compelido a desfazer a obra ou abster-se da prática do ato, cabendo, ao síndico, com autorização judicial, mandar desmanchá-la, à custa do transgressor, se este não a desfizer no prazo que lhe for estipulado.

§ 2º O proprietário ou titular de direito à aquisição de unidade poderá fazer obra que (VETADO) ou modifique sua fachada, se obtiver a aquiescência da unanimidade dos condôminos.

Art. 11. Para efeitos tributários, cada unidade autônoma será tratada como prédio isolado, contribuindo o respectivo condômino, diretamente, com as importâncias relativas aos impostos e taxas federais, estaduais e municipais, na forma dos respectivos lançamentos.

CAPÍTULO III
Das Despesas do Condomínio

Art. 12. Cada condômino concorrerá nas despesas do condomínio, recolhendo, nos prazos previstos na Convenção, a quota-parte que lhe couber em rateio.

§ 1º Salvo disposição em contrário na Convenção, a fixação da quota no rateio corresponderá à fração ideal de terreno de cada unidade.

§ 2º Cabe ao síndico arrecadar as contribuições, competindo-lhe promover, por via executiva, a cobrança judicial das quotas atrasadas.

§ 3º O condômino que não pagar a sua contribuição no prazo fixado na Convenção fica sujeito ao juro moratório de 1% ao mês, e multa de até 20% sobre o débito, que será atualizado, se o estipular a Convenção, com a aplicação dos índices de correção monetária levantados pelo Conselho Nacional de Economia, no caso da mora por período igual ou superior a seis meses.

§ 4º As obras que interessarem à estrutura integral da edificação ou conjunto de edificações, ou ao serviço comum, serão feitas com o concurso pecuniário de todos os proprietários ou titulares de direito à aquisição de unidades, mediante orçamento prévio aprovado em assembleia geral, podendo incumbir-se de sua execução o síndico, ou outra pessoa, com aprovação da assembleia.

§ 5º A renúncia de qualquer condômino aos seus direitos, em caso algum valerá como escusa para exonerá-lo de seus encargos.

CAPÍTULO IV
Do Seguro, do Incêndio, da Demolição e da Reconstrução Obrigatória

Art. 13. Proceder-se-á ao seguro da edificação ou do conjunto de edificações, neste caso, discriminadamente, abrangendo todas as unidades autônomas e partes comuns, contra incêndio ou outro sinistro que cause destruição no todo ou em parte, computando-se o prêmio nas despesas ordinárias do condomínio.

Parágrafo único. O seguro de que trata este artigo será obrigatoriamente feito dentro de 120 dias, contados da data da concessão do "habite-se", sob pena de ficar o condomínio sujeito à multa mensal equivalente a 1/12 do imposto predial, cobrável executivamente pela Municipalidade.

Art. 14. Na ocorrência de sinistro total, ou que destrua mais de dois terços de uma edificação, seus condôminos reunir-se-ão em assembleia especial, e deliberarão sobre a sua reconstrução ou venda do terreno e materiais, por *quorum* mínimo de votos que representem metade mais uma das frações ideais do respectivo terreno.

§ 1º Rejeitada a proposta de reconstrução, a mesma assembleia, ou outra para este fim convocada, decidirá, pelo mesmo *quorum*, do destino a ser dado ao terreno, e aprovará a partilha do valor do seguro entre os condôminos, sem prejuízo do que receber cada um pelo seguro facultativo de sua unidade.

§ 2º Aprovada, a reconstrução será feita, guardados, obrigatoriamente, o mesmo destino, a mesma forma externa e a mesma disposição interna.

§ 3º Na hipótese do parágrafo anterior, a minoria não poderá ser obrigada a contribuir para a reedificação, caso em que a maioria poderá adquirir as partes dos dissidentes, mediante avaliação judicial, feita em vistoria.

Art. 15. Na hipótese de que trata o § 3º do artigo antecedente, à maioria poderão ser adjudicadas, por sentença, as frações ideais da minoria.

§ 1º Como condição para o exercício da ação prevista neste artigo, com a inicial, a maioria oferecerá e depositará, à disposição do Juízo, as importâncias arbitradas na vistoria para avaliação, prevalecendo as de eventual desempatador.

§ 2º Feito o depósito de que trata o parágrafo anterior, o Juiz, liminarmente, poderá autorizar a adjudicação à maioria, e a minoria poderá levantar as importâncias depositadas; o Oficial de Registro de Imóveis, nestes casos, fará constar do registro que a adjudicação foi resultante de medida liminar.

§ 3º Feito o depósito, será expedido o mandado de citação, com o prazo de dez dias para a contestação (VETADO).

§ 4º Se não contestado, o Juiz, imediatamente, julgará o pedido.

§ 5º Se contestado o pedido, seguirá o processo o rito ordinário.

§ 6º Se a sentença fixar valor superior ao da avaliação feita na vistoria, o condomínio, em execução, restituirá à minoria a respectiva diferença, acrescida de juros de mora à razão de 1% ao mês, desde a data da concessão de eventual liminar, ou pagará o total devido, com os juros da mora a contar da citação.

§ 7º Transitada em julgado a sentença, servirá ela de título definitivo para a maioria, que deverá registrá-la no Registro de Imóveis.

§ 8º A maioria poderá pagar e cobrar da minoria, em execução de sentença, encargos fiscais necessários à adjudicação definitiva a cujo pagamento se recusar a minoria.

Art. 16. Em caso de sinistro que destrua menos de dois terços da edificação, o síndico promoverá o recebimento do seguro e a reconstrução ou os reparos nas partes danificadas.

Art. 17. Em caso de condenação da edificação pela autoridade pública, ou ameaça de ruína, pelo voto dos condôminos que representem mais de dois terços das quotas ideais do respectivo terreno poderá ser decidida a sua demolição e reconstrução.

Parágrafo único. A minoria não fica obrigada a contribuir para as obras, mas assegura-se a maioria o direito de adquirir as partes dos dissidentes, mediante avaliação judicial, aplicando-se o processo previsto no art. 15.

Art. 17. Os condôminos que representem, pelo menos, 2/3 (dois terços) do total de unidades isoladas e frações ideais correspondentes a 80% (oitenta por cento) do terreno e coisas comuns poderão decidir sobre a demolição e reconstrução do prédio, ou sua alienação, por motivos urbanísticos ou arquitetônicos, ou, ainda, no caso de condenação do edifício pela autoridade pública, em razão de sua insegurança ou insalubridade. (Redação dada pela Lei n. 6.709, de 31.10.1979)

§ 1º A minoria não fica obrigada a contribuir para as obras, mas assegura-se à maioria o direito de adquirir as partes dos dissidentes, mediante avaliação judicial, aplicando-se o processo previsto no art. 15.

§ 2º Ocorrendo desgaste, pela ação do tempo, das unidades habitacionais de uma edificação, que deprecie seu valor unitário em relação ao valor global do terreno onde se acha construída, os condôminos, pelo *quorum* mínimo de votos que representem 2/3 (dois terços) das unidades isoladas e frações ideais correspondentes a 80% (oitenta por cento) do terreno e coisas comuns, poderão decidir por sua alienação total, procedendo-se em relação à minoria na forma estabelecida no art. 15, e seus parágrafos, desta Lei.

§ 3º Decidida por maioria a alienação do prédio, o valor atribuído à quota dos condôminos vencidos será correspondente ao preço efetivo, e, no mínimo, à avaliação prevista no § 2º ou, a critério desses, a imóvel localizado em área próxima ou adjacente com a mesma área útil de construção.

Art. 18. Em caso de desapropriação parcial de uma edificação ou de um conjunto de edificações, serão indenizados os proprietários das unidades expropriadas, ingressando no condomínio a entidade expropriante, que se sujeitará às disposições desta Lei e se submeterá às da Convenção do condomínio e do Regulamento Interno.
Parágrafo único. (VETADO)
Art. 18. A desapropriação de edificações ou conjuntos de edificações abrangerá sempre a sua totalidade, com todas as suas dependências, indenizando-se os proprietários das unidades expropriadas. (Redação dada pela Lei n. 4.864, de 29.11.1965)
Art. 18. A aquisição parcial de uma edificação, ou de um conjunto de edificações, ainda que por força de desapropriação, importará no ingresso do adquirente no condomínio, ficando sujeito às disposições desta lei, bem assim às da Convenção do Condomínio e do regulamento interno. (Redação dada pelo Decreto-Lei n. 981, de 21.10.1969)

CAPÍTULO V
Utilização da Edificação ou do Conjunto de Edificações

Art. 19. Cada condômino tem o direito de usar e fruir, com exclusividade, de sua unidade autônoma, segundo suas conveniências e interesses, condicionados, umas e outros, às normas de boa vizinhança, e poderá usar as partes e coisas comuns de maneira a não causar dano ou incômodo aos demais condôminos ou moradores, nem obstáculo ou embaraço ao bom uso das mesmas partes por todos.
Parágrafo único. (VETADO).
Art. 20. Aplicam-se ao ocupante do imóvel, a qualquer título, todas as obrigações referentes ao uso, fruição e destino da unidade.
Art. 21. A violação de qualquer dos deveres estipulados na Convenção sujeitará o infrator à multa fixada na própria Convenção ou no Regimento Interno, sem prejuízo da responsabilidade civil ou criminal que, no caso, couber.

Parágrafo único. Compete ao síndico a iniciativa do processo e a cobrança da multa, por via executiva, em benefício do condomínio, e, em caso de omitir-se ele, a qualquer condômino.

CAPÍTULO VI
Da Administração do Condomínio

Art. 22. Será eleito, na forma prevista pela Convenção, um síndico do condomínio, cujo mandato não poderá exceder a 2 anos, permitida a reeleição.

§ 1º Compete ao síndico:

a) representar, ativa e passivamente, o condomínio, em juízo ou fora dele, e praticar os atos de defesa dos interesses comuns, nos limites das atribuições conferidas por esta Lei ou pela Convenção;

b) exercer a administração interna da edificação ou do conjunto de edificações, no que respeita à sua vigência, moralidade e segurança, bem como aos serviços que interessam a todos os moradores;

c) praticar os atos que lhe atribuírem as leis, a Convenção e o Regimento Interno;

d) impor as multas estabelecidas na Lei, na Convenção ou no Regimento Interno;

e) cumprir e fazer cumprir a Convenção e o Regimento Interno, bem como executar e fazer executar as deliberações da assembleia;

f) prestar contas à assembleia dos condôminos;

g) manter guardada durante o prazo de cinco anos, para eventuais necessidades de verificação contábil, toda a documentação relativa ao condomínio. (Alínea incluída pela Lei n. 6.434, de 15.7.1977)

§ 2º As funções administrativas podem ser delegadas a pessoas de confiança do síndico, e sob a sua inteira responsabilidade, mediante aprovação da assembleia geral dos condôminos.

§ 3º A Convenção poderá estipular que dos atos do síndico caiba recurso para a assembleia, convocada pelo interessado.

§ 4º Ao síndico, que poderá ser condômino ou pessoa física ou jurídica estranha ao condomínio, será fixada a remuneração pela mesma assembleia que o eleger, salvo se a Convenção dispuser diferentemente.

§ 5º O síndico poderá ser destituído, pela forma e sob as condições previstas na Convenção, ou, no silêncio desta, pelo voto de dois terços dos condôminos, presentes, em assembleia geral especialmente convocada.

§ 6º A Convenção poderá prever a eleição de subsíndicos, definindo-lhes atribuições e fixando-lhes o mandato, que não poderá exceder de 2 anos, permitida a reeleição.

Art. 23. Será eleito, na forma prevista na Convenção, um Conselho Consultivo, constituído de três condôminos, com mandatos que não poderão exceder de 2 anos, permitida a reeleição.

Parágrafo único. Funcionará o Conselho como órgão consultivo do síndico, para assessorá-lo na solução dos problemas que digam respeito ao condomínio, podendo a Convenção definir suas atribuições específicas.

CAPÍTULO VII
Da Assembleia Geral

Art. 24. Haverá, anualmente, uma assembleia geral ordinária dos condôminos, convocada pelo síndico na forma prevista na Convenção, à qual compete, além das demais matérias inscritas na ordem do dia, aprovar, por maioria dos presentes, as verbas para as despesas de condomínio, compreendendo as de conservação da edificação ou conjunto de edificações, manutenção de seus serviços e correlatas.

§ 1º As decisões da assembleia, tomadas, em cada caso, pelo *quorum* que a Convenção fixar, obrigam todos os condôminos.

§ 2º O síndico, nos oito dias subsequentes à assembleia, comunicará aos condôminos o que tiver sido deliberado, inclusive no tocante à previsão orçamentária, o rateio das despesas, e promoverá a arrecadação, tudo na forma que a Convenção previr.

§ 3º Nas assembleias gerais, os votos serão proporcionais às frações ideais do terreno e partes comuns, pertencentes a cada condômino, salvo disposição diversa da Convenção.

§ 4º Nas decisões da assembleia que envolvam despesas ordinárias do condomínio, o locatário poderá votar, caso o condômino locador a ela não compareça. (Parágrafo incluído pela Lei n. 8.245, de 18.10.1991)

§ 4º Nas decisões da assembleia que não envolvam despesas extraordinárias do condomínio, o locatário poderá votar, caso o condômino-locador a ela não compareça. (Redação dada pela Lei n. 9.267, de 25.3.1996)

Art. 25. Ressalvado o disposto no § 3º do art. 22, poderá haver assembleias gerais extraordinárias, convocadas pelo síndico ou por condôminos que representem um quarto, no mínimo, do condomínio, sempre que o exigirem os interesses gerais.

Parágrafo único. Salvo estipulação diversa da Convenção, esta só poderá ser modificada em assembleia geral extraordinária, pelo voto mínimo de condôminos que representem 2/3 do total das frações ideais.

Art. 26. (VETADO).

Art. 27. Se a assembleia não se reunir para exercer qualquer dos poderes que lhe competem, 15 dias após o pedido de convocação, o Juiz decidirá a respeito, mediante requerimento dos interessados.

TÍTULO II
DAS INCORPORAÇÕES

CAPÍTULO I
Disposições Gerais

Art. 28. As incorporações imobiliárias, em todo o território nacional, reger-se-ão pela presente Lei.

Parágrafo único. Para efeito desta Lei, considera-se incorporação imobiliária a atividade exercida com o intuito de promover e realizar a construção, para alienação total ou parcial, de edificações ou conjunto de edificações compostas de unidades autônomas (VETADO).

Art. 29. Considera-se incorporador a pessoa física ou jurídica, comerciante ou não, que, embora não efetuando a construção, compromisse ou efetive a venda de frações ideais de terreno objetivando a vinculação de tais frações a unidades autônomas (VETADO), em edificações a serem construídas ou em construção sob regime condominial, ou que meramente aceite propostas para efetivação de tais transações, coordenando e levando a termo a incorporação e responsabilizando-se, conforme o caso, pela entrega, a certo prazo, preço e determinadas condições, das obras concluídas.

Parágrafo único. Presume-se a vinculação entre a alienação das frações do terreno e o negócio de construção, se, ao ser contratada a venda, ou promessa de venda ou de cessão das frações de terreno, já houver sido aprovado e estiver em vigor, ou pender de aprovação de autoridade administrativa, o respectivo projeto de construção, respondendo o alienante como incorporador.

Art. 30. Estende-se a condição de incorporador aos proprietários e titulares de direitos aquisitivos que contratem a construção de edifícios que se destinem a constituição em condomínio, sempre que iniciarem as alienações antes da conclusão das obras.

Art. 30-A. (Vide Medida Provisória n. 2.221, de 4.9.2001)
Art. 30-B. (Vide Medida Provisória n. 2.221, de 4.9.2001)
Art. 30-C. (Vide Medida Provisória n. 2.221, de 4.9.2001)
Art. 30-D. (Vide Medida Provisória n. 2.221, de 4.9.2001)
Art. 30-E. (Vide Medida Provisória n. 2.221, de 4.9.2001)
Art. 30-F. (Vide Medida Provisória n. 2.221, de 4.9.2001)
Art. 30-G. (Vide Medida Provisória n. 2.221, de 4.9.2001)

Art. 31. A iniciativa e a responsabilidade das incorporações imobiliárias caberão ao incorporador, que somente poderá ser:

a) o proprietário do terreno, o promitente comprador, o cessionário deste ou promitente cessionário com título que satisfaça os requisitos da alínea *a* do art. 32;

b) o construtor (Decreto n. 23.569, de 11-12-33, e 3.995, de 31 de dezembro de 1941, e Decreto-lei n. 8.620, de 10 de janeiro de 1946) ou corretor de imóveis (Lei n. 4.116, de 27-8-62).

§ 1º No caso da alínea *b*, o incorporador será investido, pelo proprietário de terreno, o promitente comprador e cessionário deste ou o promitente cessionário, de mandato outorgado por instrumento público, onde se faça menção expressa desta Lei e se transcreva o disposto no § 4º, do art. 35, para concluir todos os negócios tendentes à alienação das frações ideais de terreno, mas se obrigará pessoalmente pelos atos que praticar na qualidade de incorporador.

§ 2º Nenhuma incorporação poderá ser proposta à venda sem a indicação expressa do incorporador, devendo também seu nome permanecer indicado ostensivamente no local da construção.

§ 3º Toda e qualquer incorporação, independentemente da forma por que seja constituída, terá um ou mais incorporadores solidariamente responsáveis, ainda que em fase subordinada a período de carência, referido no art. 34.

CAPÍTULO I-A
Do Patrimônio De Afetação
(Incluído pela Lei n. 10.931, de 2004)

Art. 31-A. A critério do incorporador, a incorporação poderá ser submetida ao regime da afetação, pelo qual o terreno e as acessões objeto de incorporação imobiliária, bem como os demais bens e direitos a ela vinculados, manter-se-ão apartados do patrimônio do incorporador e constituirão patrimônio de afetação, destinado à consecução da incorporação correspondente e à entrega das unidades imobiliárias aos respectivos adquirentes. (Incluído pela Lei n. 10.931, de 2004)

§ 1º O patrimônio de afetação não se comunica com os demais bens, direitos e obrigações do patrimônio geral do incorporador ou de outros patrimônios de afetação por ele constituídos e só responde por dívidas e obrigações vinculadas à incorporação respectiva. (Incluído pela Lei n. 10.931, de 2004)

§ 2º O incorporador responde pelos prejuízos que causar ao patrimônio de afetação. (Incluído pela Lei n. 10.931, de 2004)

§ 3º Os bens e direitos integrantes do patrimônio de afetação somente poderão ser objeto de garantia real em operação de crédito cujo produto seja integralmente destinado à consecução da edificação correspondente e à entrega das unidades imobiliárias aos respectivos adquirentes. (Incluído pela Lei n. 10.931, de 2004)

§ 4º No caso de cessão, plena ou fiduciária, de direitos creditórios oriundos da comercialização das unidades imobiliárias componentes da incorporação, o produto da cessão também passará a integrar o patrimônio de afetação, observado o disposto no § 6º (Incluído pela Lei n. 10.931, de 2004)

§ 5º As quotas de construção correspondentes a acessões vinculadas a frações ideais serão pagas pelo incorporador até que a responsabilidade pela sua construção tenha sido assumida por terceiros, nos termos da parte final do § 6º do art. 35. (Incluído pela Lei n. 10.931, de 2004)

§ 6º Os recursos financeiros integrantes do patrimônio de afetação serão utilizados para pagamento ou reembolso das despesas inerentes à incorporação. (Incluído pela Lei n. 10.931, de 2004)

§ 7º O reembolso do preço de aquisição do terreno somente poderá ser feito quando da alienação das unidades autônomas, na proporção das respectivas frações ideais, considerando-se tão-somente os valores efetivamente recebidos pela alienação. (Incluído pela Lei n. 10.931, de 2004)

§ 8º Excluem-se do patrimônio de afetação: (Incluído pela Lei n. 10.931, de 2004)
I – os recursos financeiros que excederem a importância necessária à conclusão da obra (art. 44), considerando-se os valores a receber até sua conclusão e, bem assim, os recursos necessários à quitação de financiamento para a construção, se houver; e (Incluído pela Lei n. 10.931, de 2004)
II – o valor referente ao preço de alienação da fração ideal de terreno de cada unidade vendida, no caso de incorporação em que a construção seja contratada sob o regime por empreitada (art. 55) ou por administração (art. 58). (Incluído pela Lei n. 10.931, de 2004)

§ 9º No caso de conjuntos de edificações de que trata o art. 8º, poderão ser constituídos patrimônios de afetação separados, tantos quantos forem os: (Incluído pela Lei n. 10.931, de 2004)
I – subconjuntos de casas para as quais esteja prevista a mesma data de conclusão (art. 8º, alínea *a*); e (Incluído pela Lei n. 10.931, de 2004)
II – edifícios de dois ou mais pavimentos (art. 8º, alínea *b*). (Incluído pela Lei n. 10.931, de 2004)
§ 10. A constituição de patrimônios de afetação separados de que trata o § 9º deverá estar declarada no memorial de incorporação. (Incluído pela Lei n. 10.931, de 2004)
§ 11. Nas incorporações objeto de financiamento, a comercialização das unidades deverá contar com a anuência da instituição financiadora ou deverá ser a ela cientificada, conforme vier a ser estabelecido no contrato de financiamento. (Incluído pela Lei n. 10.931, de 2004)
§ 12. A contratação de financiamento e constituição de garantias, inclusive mediante transmissão, para o credor, da propriedade fiduciária sobre as unidades imobiliárias integrantes da incorporação, bem como a cessão, plena ou fiduciária, de direitos creditórios decorrentes da comercialização dessas unidades, não implicam a transferência para o credor de nenhuma das obrigações ou responsabilidades do cedente, do incorporador ou do construtor, permanecendo estes como únicos responsáveis pelas obrigações e pelos deveres que lhes são imputáveis. (Incluído pela Lei n. 10.931, de 2004)
Art. 31-B. Considera-se constituído o patrimônio de afetação mediante averbação, a qualquer tempo, no Registro de Imóveis, de termo firmado pelo incorporador e, quando for o caso, também pelos titulares de direitos reais de aquisição sobre o terreno. (Incluído pela Lei n. 10.931, de 2004)
Parágrafo único. A averbação não será obstada pela existência de ônus reais que tenham sido constituídos sobre o imóvel objeto da incorporação para garantia do pagamento do preço de sua aquisição ou do cumprimento de obrigação de construir o empreendimento. (Incluído pela Lei n. 10.931, de 2004)
Art. 31-C. A Comissão de Representantes e a instituição financiadora da construção poderão nomear, às suas expensas, pessoa física ou jurídica para fiscalizar e acompanhar o patrimônio de afetação. (Incluído pela Lei n. 10.931, de 2004)
§ 1º A nomeação a que se refere o *caput* não transfere para o nomeante qualquer responsabilidade pela qualidade da obra, pelo prazo de entrega do imóvel ou por qualquer outra obrigação decorrente da responsabilidade do incorporador ou do construtor, seja legal ou a oriunda dos contratos de alienação das unidades imobiliárias, de construção e de outros contratos eventualmente vinculados à incorporação. (Incluído pela Lei n. 10.931, de 2004)
§ 2º A pessoa que, em decorrência do exercício da fiscalização de que trata o *caput* deste artigo, obtiver acesso às informações comerciais, tributárias e de qualquer outra natureza referentes ao patrimônio afetado responderá pela falta de zelo, dedicação e sigilo destas informações. (Incluído pela Lei n. 10.931, de 2004)
§ 3º A pessoa nomeada pela instituição financiadora deverá fornecer cópia de seu relatório ou parecer à Comissão de Representantes, a requerimento desta, não constituin-

do esse fornecimento quebra de sigilo de que trata o § 2º deste artigo. (Incluído pela Lei n. 10.931, de 2004)

Art. 31-D. Incumbe ao incorporador: (Incluído pela Lei n. 10.931, de 2004)

I – promover todos os atos necessários à boa administração e à preservação do patrimônio de afetação, inclusive mediante adoção de medidas judiciais; (Incluído pela Lei n. 10.931, de 2004)

II – manter apartados os bens e direitos objeto de cada incorporação; (Incluído pela Lei n. 10.931, de 2004)

III – diligenciar a captação dos recursos necessários à incorporação e aplicá-los na forma prevista nesta Lei, cuidando de preservar os recursos necessários à conclusão da obra; (Incluído pela Lei n. 10.931, de 2004)

IV – entregar à Comissão de Representantes, no mínimo a cada três meses, demonstrativo do estado da obra e de sua correspondência com o prazo pactuado ou com os recursos financeiros que integrem o patrimônio de afetação recebidos no período, firmados por profissionais habilitados, ressalvadas eventuais modificações sugeridas pelo incorporador e aprovadas pela Comissão de Representantes; (Incluído pela Lei n. 10.931, de 2004)

V – manter e movimentar os recursos financeiros do patrimônio de afetação em conta de depósito aberta especificamente para tal fim; (Incluído pela Lei n. 10.931, de 2004)

VI – entregar à Comissão de Representantes balancetes coincidentes com o trimestre civil, relativos a cada patrimônio de afetação; (Incluído pela Lei n. 10.931, de 2004)

VII – assegurar à pessoa nomeada nos termos do art. 31-C o livre acesso à obra, bem como aos livros, contratos, movimentação da conta de depósito exclusiva referida no inciso V deste artigo e quaisquer outros documentos relativos ao patrimônio de afetação; e (Incluído pela Lei n. 10.931, de 2004)

VIII – manter escrituração contábil completa, ainda que esteja desobrigado pela legislação tributária. (Incluído pela Lei n. 10.931, de 2004)

Art. 31-E. O patrimônio de afetação extinguir-se-á pela: (Incluído pela Lei n. 10.931, de 2004)

I – averbação da construção, registro dos títulos de domínio ou de direito de aquisição em nome dos respectivos adquirentes e, quando for o caso, extinção das obrigações do incorporador perante a instituição financiadora do empreendimento; (Incluído pela Lei n. 10.931, de 2004)

II – revogação em razão de denúncia da incorporação, depois de restituídas aos adquirentes as quantias por eles pagas (art. 36), ou de outras hipóteses previstas em lei; e (Incluído pela Lei n. 10.931, de 2004)

III – liquidação deliberada pela assembleia geral nos termos do art. 31-F, § 1º. (Incluído pela Lei n. 10.931, de 2004)

Art. 31-F. Os efeitos da decretação da falência ou da insolvência civil do incorporador não atingem os patrimônios de afetação constituídos, não integrando a massa concursal o terreno, as acessões e demais bens, direitos creditórios, obrigações e encargos objeto da incorporação. (Incluído pela Lei n. 10.931, de 2004)

§ 1º Nos sessenta dias que se seguirem à decretação da falência ou da insolvência civil do incorporador, o condomínio dos adquirentes, por convocação da sua Comissão de

Representantes ou, na sua falta, de um sexto dos titulares de frações ideais, ou, ainda, por determinação do juiz prolator da decisão, realizará assembleia geral, na qual, por maioria simples, ratificará o mandato da Comissão de Representantes ou elegerá novos membros, e, em primeira convocação, por dois terços dos votos dos adquirentes ou, em segunda convocação, pela maioria absoluta desses votos, instituirá o condomínio da construção, por instrumento público ou particular, e deliberará sobre os termos da continuação da obra ou da liquidação do patrimônio de afetação (art. 43, inciso III); havendo financiamento para construção, a convocação poderá ser feita pela instituição financiadora. (Incluído pela Lei n. 10.931, de 2004)

§ 2º O disposto no § 1º aplica-se também à hipótese de paralisação das obras prevista no art. 43, inciso VI. (Incluído pela Lei n. 10.931, de 2004)

§ 3º Na hipótese de que tratam os §§ 1º e 2º, a Comissão de Representantes ficará investida de mandato irrevogável para firmar com os adquirentes das unidades autônomas o contrato definitivo a que estiverem obrigados o incorporador, o titular do domínio e o titular dos direitos aquisitivos do imóvel objeto da incorporação em decorrência de contratos preliminares. (Incluído pela Lei n. 10.931, de 2004)

§ 4º O mandato a que se refere o § 3º será válido mesmo depois de concluída a obra. (Incluído pela Lei n. 10.931, de 2004)

§ 5º O mandato outorgado à Comissão de Representantes confere poderes para transmitir domínio, direito, posse e ação, manifestar a responsabilidade do alienante pela evicção e imitir os adquirentes na posse das unidades respectivas. (Incluído pela Lei n. 10.931, de 2004)

§ 6º Os contratos definitivos serão celebrados mesmo com os adquirentes que tenham obrigações a cumprir perante o incorporador ou a instituição financiadora, desde que comprovadamente adimplentes, situação em que a outorga do contrato fica condicionada à constituição de garantia real sobre o imóvel, para assegurar o pagamento do débito remanescente. (Incluído pela Lei n. 10.931, de 2004)

§ 7º Ainda na hipótese dos §§ 1º e 2º, a Comissão de Representantes ficará investida de mandato irrevogável para, em nome dos adquirentes, e em cumprimento da decisão da assembleia geral que deliberar pela liquidação do patrimônio de afetação, efetivar a alienação do terreno e das acessões, transmitindo posse, direito, domínio e ação, manifestar a responsabilidade pela evicção, imitir os futuros adquirentes na posse do terreno e das acessões. (Incluído pela Lei n. 10.931, de 2004)

§ 8º Na hipótese do § 7º, será firmado o respectivo contrato de venda, promessa de venda ou outra modalidade de contrato compatível com os direitos objeto da transmissão. (Incluído pela Lei n. 10.931, de 2004)

§ 9º A Comissão de Representantes cumprirá o mandato nos termos e nos limites estabelecidos pela deliberação da assembleia geral e prestará contas aos adquirentes, entregando-lhes o produto líquido da alienação, no prazo de cinco dias da data em que tiver recebido o preço ou cada parcela do preço. (Incluído pela Lei n. 10.931, de 2004)

§ 10. Os valores pertencentes aos adquirentes não localizados deverão ser depositados em Juízo pela Comissão de Representantes. (Incluído pela Lei n. 10.931, de 2004)

§ 11. Caso decidam pela continuação da obra, os adquirentes ficarão automaticamente sub-rogados nos direitos, nas obrigações e nos encargos relativos à incorporação, inclusive aqueles relativos ao contrato de financiamento da obra, se houver. (Incluído pela Lei n. 10.931, de 2004)

§ 12. Para os efeitos do § 11 deste artigo, cada adquirente responderá individualmente pelo saldo porventura existente entre as receitas do empreendimento e o custo da conclusão da incorporação na proporção dos coeficientes de construção atribuíveis às respectivas unidades, se outro critério de rateio não for deliberado em assembleia geral por dois terços dos votos dos adquirentes, observado o seguinte: (Incluído pela Lei n. 10.931, de 2004)

I – os saldos dos preços das frações ideais e acessões integrantes da incorporação que não tenham sido pagos ao incorporador até a data da decretação da falência ou da insolvência civil passarão a ser pagos à Comissão de Representantes, permanecendo o somatório desses recursos submetido à afetação, nos termos do art. 31-A, até o limite necessário à conclusão da incorporação; (Incluído pela Lei n. 10.931, de 2004)

II – para cumprimento do seu encargo de administradora da incorporação, a Comissão de Representantes fica investida de mandato legal, em caráter irrevogável, para, em nome do incorporador ou do condomínio de construção, conforme o caso, receber as parcelas do saldo do preço e dar quitação, bem como promover as medidas extrajudiciais ou judiciais necessárias a esse recebimento, praticando todos os atos relativos ao leilão de que trata o art. 63 ou os atos relativos à consolidação da propriedade e ao leilão de que tratam os arts. 26 e 27 da Lei nº 9.514, de 20 de novembro de 1997, devendo realizar a garantia e aplicar na incorporação todo o produto do recebimento do saldo do preço e do leilão; (Incluído pela Lei n. 10.931, de 2004)

III – consideram-se receitas do empreendimento os valores das parcelas a receber, vincendas e vencidas e ainda não pagas, de cada adquirente, correspondentes ao preço de aquisição das respectivas unidades ou do preço de custeio de construção, bem como os recursos disponíveis afetados; e (Incluído pela Lei n. 10.931, de 2004)

IV – compreendem-se no custo de conclusão da incorporação todo o custeio da construção do edifício e a averbação da construção das edificações para efeito de individualização e discriminação das unidades, nos termos do art. 44. (Incluído pela Lei n. 10.931, de 2004)

§ 13. Havendo saldo positivo entre as receitas da incorporação e o custo da conclusão da incorporação, o valor correspondente a esse saldo deverá ser entregue à massa falida pela Comissão de Representantes. (Incluído pela Lei n. 10.931, de 2004)

§ 14. Para assegurar as medidas necessárias ao prosseguimento das obras ou à liquidação do patrimônio de afetação, a Comissão de Representantes, no prazo de sessenta dias, a contar da data de realização da assembleia geral de que trata o § 1º, promoverá, em leilão público, com observância dos critérios estabelecidos pelo art. 63, a venda das frações ideais e respectivas acessões que, até a data da decretação da falência ou insolvência não tiverem sido alienadas pelo incorporador. (Incluído pela Lei n. 10.931, de 2004)

§ 15. Na hipótese de que trata o § 14, o arrematante ficará sub-rogado, na proporção atribuível à fração e acessões adquiridas, nos direitos e nas obrigações relativas ao empreendimento, inclusive nas obrigações de eventual financiamento, e, em se tratando da hipótese do art. 39 desta Lei, nas obrigações perante o proprietário do terreno. (Incluído pela Lei n. 10.931, de 2004)

§ 16. Dos documentos para anúncio da venda de que trata o § 14 e, bem assim, o inciso III do art. 43, constarão o valor das acessões não pagas pelo incorporador (art. 35, § 6º) e o preço da fração ideal do terreno e das acessões (arts. 40 e 41). (Incluído pela Lei n. 10.931, de 2004)

§ 17. No processo de venda de que trata o § 14, serão asseguradas, sucessivamente, em igualdade de condições com terceiros: (Incluído pela Lei n. 10.931, de 2004)

I – ao proprietário do terreno, nas hipóteses em que este seja pessoa distinta da pessoa do incorporador, a preferência para aquisição das acessões vinculadas à fração objeto da venda, a ser exercida nas vinte e quatro horas seguintes à data designada para a venda; e (Incluído pela Lei n. 10.931, de 2004)

II – ao condomínio, caso não exercida a preferência de que trata o inciso I, ou caso não haja licitantes, a preferência para aquisição da fração ideal e acessões, desde que deliberada em assembleia geral, pelo voto da maioria simples dos adquirentes presentes, e exercida no prazo de quarenta e oito horas a contar da data designada para a venda. (Incluído pela Lei n. 10.931, de 2004)

§ 18. Realizada a venda prevista no § 14, incumbirá à Comissão de Representantes, sucessivamente, nos cinco dias que se seguirem ao recebimento do preço: (Incluído pela Lei n. 10.931, de 2004)

I – pagar as obrigações trabalhistas, previdenciárias e tributárias, vinculadas ao respectivo patrimônio de afetação, observada a ordem de preferência prevista na legislação, em especial o disposto no art. 186 do Código Tributário Nacional; (Incluído pela Lei n. 10.931, de 2004)

II – reembolsar aos adquirentes as quantias que tenham adiantado, com recursos próprios, para pagamento das obrigações referidas no inciso I; (Incluído pela Lei n. 10.931, de 2004)

III – reembolsar à instituição financiadora a quantia que esta tiver entregue para a construção, salvo se outra forma for convencionada entre as partes interessadas; (Incluído pela Lei n. 10.931, de 2004)

IV – entregar ao condomínio o valor que este tiver desembolsado para construção das acessões de responsabilidade do incorporador (§ 6º do art. 35 e § 5º do art. 31-A), na proporção do valor obtido na venda; (Incluído pela Lei n. 10.931, de 2004)

V – entregar ao proprietário do terreno, nas hipóteses em que este seja pessoa distinta da pessoa do incorporador, o valor apurado na venda, em proporção ao valor atribuído à fração ideal; e (Incluído pela Lei n. 10.931, de 2004)

VI – entregar à massa falida o saldo que porventura remanescer. (Incluído pela Lei n. 10.931, de 2004)

§ 19. O incorporador deve assegurar à pessoa nomeada nos termos do art. 31-C, o acesso a todas as informações necessárias à verificação do montante das obrigações referidas no § 12, inciso I, do art. 31-F vinculadas ao respectivo patrimônio de afetação. (Incluído pela Lei n. 10.931, de 2004)

§ 20. Ficam excluídas da responsabilidade dos adquirentes as obrigações relativas, de maneira direta ou indireta, ao imposto de renda e à contribuição social sobre o lucro, devidas pela pessoa jurídica do incorporador, inclusive por equiparação, bem como as obrigações oriundas de outras atividades do incorporador não relacionadas diretamente com as incorporações objeto de afetação. (Incluído pela Lei n. 10.931, de 2004)

CAPÍTULO II
Das Obrigações e Direitos do Incorporador

Art. 32. O incorporador somente poderá negociar sobre unidades autônomas após ter arquivado, no cartório competente de Registro de Imóveis, os seguintes documentos:

a) título de propriedade de terreno, ou de promessa, irrevogável e irretratável, de compra e venda ou de cessão de direitos ou de permuta do qual conste cláusula de imissão na posse do imóvel, não haja estipulações impeditivas de sua alienação em frações ideais e inclua consentimento para demolição e construção, devidamente registrado;

b) certidões negativas de impostos federais, estaduais e municipais, de protesto de títulos de ações cíveis e criminais e de ônus reais relativamente ao imóvel, aos alienantes do terreno e ao incorporador;

c) histórico dos títulos de propriedade do imóvel, abrangendo os últimos 20 anos, acompanhado de certidão dos respectivos registros;

d) projeto de construção devidamente aprovado pelas autoridades competentes;

e) cálculo das áreas das edificações, discriminando, além da global, a das partes comuns, e indicando, cada tipo de unidade, a respectiva metragem de área construída;

f) certidão negativa de débito para com a Previdência Social, quando o titular de direitos sobre o terreno for responsável pela arrecadação das respectivas contribuições;

g) memorial descritivo das especificações da obra projetada, segundo modelo a que se refere o inciso IV, do art. 53, desta Lei;

h) avaliação do custo global da obra, atualizada à data do arquivamento, calculada de acordo com a norma do inciso III, do art. 53, com base nos custos unitários referidos no art. 54, discriminando-se, também, o custo de construção de cada unidade, devidamente autenticada pelo profissional responsável pela obra;

i) discriminação das frações ideais de terreno com as unidades autônomas que a elas corresponderão;

j) minuta da futura Convenção de condomínio que regerá a edificação ou o conjunto de edificações;

l) declaração em que se defina a parcela do preço de que trata o inciso II, do art. 39;

m) certidão do instrumento público de mandato, referido no § 1º do art. 31;

n) declaração expressa em que se fixe, se houver, o prazo de carência (art. 34);

o) atestado de idoneidade financeira, fornecido por estabelecimento de crédito que opere no País há mais de cinco anos.

p) declaração, acompanhada de plantas elucidativas, sobre o número de veículos que a garagem comporta e os locais destinados à guarda dos mesmos. (Alínea incluída pela Lei n. 4.864, de 29.11.1965)

§ 1º A documentação referida neste artigo, após o exame do Oficial de Registro de Imóveis, será arquivada em cartório, fazendo-se o competente registro.

§ 2º Os contratos de compra e venda, promessa de venda, cessão ou promessa de cessão de unidades autônomas, serão também averbáveis à margem do registro de que trata este artigo.

§ 2º Os contratos de compra e venda, promessa de venda, cessão ou promessa de cessão de unidades autônomas são irretratáveis e, uma vez registrados, conferem direito real oponível a terceiros, atribuindo direito a adjudicação compulsória perante o incorporador ou a quem o suceder, inclusive na hipótese de insolvência posterior ao término da obra. (Redação dada pela Lei n. 10.931, de 2004)

§ 3º O número do registro referido no § 1º, bem como a indicação do cartório competente, constará, obrigatoriamente, dos anúncios, impressos, publicações, propostas, contratos, preliminares ou definitivos, referentes à incorporação, salvo dos anúncios "classificados".

§ 4º O Registro de Imóveis dará certidão ou fornecerá, a quem o solicitar, cópia fotostática, heliográfica, termofax, microfilmagem ou outra equivalente, dos documentos especificados neste artigo, ou autenticará cópia apresentada pela parte interessada.

§ 5º A existência de ônus fiscais ou reais, salvo os impeditivos de alienação, não impedem o registro, que será feito com as devidas ressalvas, mencionando-se, em todos os documentos, extraídos do registro, a existência e a extensão dos ônus.

§ 6º Os Oficiais de Registro de Imóveis terão 15 dias para apresentar, por escrito, todas as exigências que julgarem necessárias ao arquivamento, e, satisfeitas as referidas exigências, terão o prazo de 15 dias para fornecer certidão, relacionando a documentação apresentada, e devolver, autenticadas, as segundas vias da mencionada documentação, com exceção dos documentos públicos. Em casos de divergência, o Oficial levantará a dúvida segundo as normas processuais aplicáveis.

§ 7º O Oficial de Registro de Imóveis responde, civil e criminalmente, se efetuar o arquivamento de documentação contraveniente à lei ou der certidão ... (VETADO) ... sem o arquivamento de todos os documentos exigidos.

§ 8º O Oficial do Registro de Imóveis que não observar os prazos previstos no § 6º ficará sujeito à penalidade imposta pela autoridade judiciária competente em montante igual ao dos emolumentos devidos pelo registro de que trata este artigo, aplicável por quinzena ou fração de quinzena de superação de cada um daqueles prazos. (Parágrafo incluído pela Lei n. 4.864, de 29.11.1965)

§ 9º Oficial do Registro de Imóveis não responde pela exatidão dos documentos que lhe forem apresentados para arquivamento em obediência ao disposto nas alíneas *e, g, h, l,* e *p* deste artigo, desde que assinados pelo profissional responsável pela obra. (Parágrafo incluído pela Lei n. 4.864, de 29.11.1965)

§ 10. As plantas do projeto aprovado (alínea *d* deste artigo) poderão ser apresentadas em cópia autenticada pelo profissional responsável pela obra, acompanhada de cópia da licença de construção. (Parágrafo incluído pela Lei n. 4.864, de 29.11.1965)

§ 11. Até 30 de junho de 1966, se, dentro de 15 (quinze) dias da entrega ao Cartório do Registro de Imóveis da documentação completa prevista neste artigo, feita por carta enviada pelo Ofício de Títulos e Documentos, não tiver o Cartório de Imóveis entregue a certidão de arquivamento e registro, nem formulado, por escrito, as exigências previstas no § 6º, considerar-se-á de pleno direito completado o registro provisório. (Parágrafo incluído pela Lei n. 4.864, de 29.11.1965)

§ 12. O registro provisório previsto no parágrafo anterior autoriza o incorporador a negociar as unidades da incorporação, indicando na sua publicação o número do Registro de Títulos e Documentos referente à remessa dos documentos ao Cartório de Imóveis, sem prejuízo, todavia, da sua responsabilidade perante o adquirente da unidade e da obrigação de satisfazer as exigências posteriormente formuladas pelo Cartório, bem como de completar o registro definitivo. (Parágrafo incluído pela Lei n. 4.864, de 29.11.1965)

Art. 33. O registro da incorporação será válido pelo prazo de 120 dias, findo o qual, se ela ainda não se houver concretizado, o incorporador só poderá negociar unidades depois de atualizar a documentação a que se refere o artigo anterior, revalidando o registro por igual prazo. (Vide Lei n. 4.864/65 que eleva para 180 (cento e oitenta) dias o prazo de validade de registro da incorporação)

Art. 34. O incorporador poderá fixar, para efetivação da incorporação, prazo de carência, dentro do qual lhe é lícito desistir do empreendimento.

§ 1º A fixação do prazo de carência será feita pela declaração a que se refere a alínea *n*, do art. 32, onde se fixem as condições que autorizarão o incorporador a desistir do empreendimento.

§ 2º Em caso algum poderá o prazo de carência ultrapassar o termo final do prazo da validade do registro ou, se for o caso, de sua revalidação.

§ 3º Os documentos preliminares de ajuste, se houver, mencionarão, obrigatoriamente, o prazo de carência, inclusive para efeitos do art. 45.

§ 4º A desistência da incorporação será denunciada, por escrito, ao Registro de Imóveis ... (VETADO) ... e comunicada, por escrito, a cada um dos adquirentes ou candidatos à aquisição, sob pena de responsabilidade civil e criminal do incorporador.

§ 5º Será averbada no registro da incorporação a desistência de que trata o parágrafo anterior, arquivando-se em cartório o respectivo documento.

§ 6º O prazo de carência é improrrogável.

Art. 35. O incorporador terá o prazo máximo de 45 dias, a contar do termo final do prazo de carência, se houver, para promover a celebração do competente contrato relativo à fração ideal de terreno, e, bem assim, do contrato de construção e da Convenção do condomínio, de acordo com discriminação constante da alínea *i*, do art. 32. (Vide Lei n. 4.864/65 que altera o prazo máximo concedido ao incorporador para 60 (sessenta) dias)

§ 1º No caso de não haver prazo de carência, o prazo acima se contará da data de qualquer documento de ajuste preliminar.

§ 2º Quando houver prazo de carência, a obrigação somente deixará de existir se o incorporador tiver denunciado, dentro do mesmo prazo e nas condições previamente estabelecidas, por escrito, ao Registro de Imóveis, a não-concretização do empreendimento.

§ 3º Se, dentro do prazo de carência, o incorporador não denunciar a incorporação, embora não se tenham reunido as condições a que se refere o § 1º, o outorgante do mandato de que trata o § 1º, do art. 31, poderá fazê-lo nos cinco dias subsequentes ao prazo de carência, e nesse caso ficará solidariamente responsável com o incorporador pela devolução das quantias que os adquirentes ou candidatos à aquisição houverem entregue ao incorporador, resguardado o direito de regresso sobre eles, dispensando-se, então, do cumprimento da obrigação fixada no *caput* deste artigo.

§ 4º Descumprida pelo incorporador e pelo mandante de que trata o § 1º do art. 31 a obrigação da outorga dos contratos referidos no *caput* deste artigo, nos prazos ora fixados, a carta-proposta ou o documento de ajuste preliminar poderão ser averbados no Registro de Imóveis, averbação que conferirá direito real oponível a terceiros, com o consequente direito à obtenção compulsória do contrato correspondente.

§ 5º Na hipótese do parágrafo anterior, o incorporador incorrerá também na multa de 50% sobre a quantia que efetivamente tiver recebido, cobrável por via executiva, em favor do adquirente ou candidato à aquisição.

§ 6º Ressalvado o disposto no art. 43, do contrato de construção deverá constar expressamente a menção dos responsáveis pelo pagamento da construção de cada uma das unidades. O incorporador responde, em igualdade de condições, com os demais contratantes, pelo pagamento da construção das unidades que não tenham tido a responsabilidade pela sua construção assumida por terceiros e até que o tenham.

Art. 36. No caso de denúncia de incorporação, nos termos do art. 34, se o incorporador, até 30 dias a contar da denúncia, não restituir aos adquirentes as importâncias pagas, estes poderão cobrá-la por via executiva, reajustado o seu valor a contar da data do recebimento, em função do índice geral de preços mensalmente publicado pelo Conselho Nacional de Economia, que reflita as variações no poder aquisitivo da moeda nacional, e acrescido de juros de 6% ao ano, sobre o total corrigido.

Art. 37. Se o imóvel estiver gravado de ônus real ou fiscal ou se contra os alienantes houver ação que possa comprometê-lo, o fato será obrigatoriamente mencionado em todos os documentos de ajuste, com a indicação de sua natureza e das condições de liberação.

Art. 38. Também constará, obrigatòriamente, dos documentos de ajuste, se for o caso, o fato de encontrar-se ocupado o imóvel, esclarecendo-se a que título se deve esta ocupação e quais as condições de desocupação.

Art. 39. Nas incorporações em que a aquisição do terreno se der com pagamento total ou parcial em unidades a serem construídas, deverão ser discriminadas em todos os documentos de ajuste:

I – a parcela que, se houver, será paga em dinheiro;

II – a quota-parte da área das unidades a serem entregues em pagamento do terreno que corresponderá a cada uma das unidades, a qual deverá ser expressa em metros quadrados.

Parágrafo único. Deverá constar, também, de todos os documentos de ajuste, se o alienante do terreno ficou ou não sujeito a qualquer prestação ou encargo.

Art. 40. No caso de rescisão de contrato de alienação do terreno ou de fração ideal, ficarão rescindidas as cessões ou promessas de cessão de direitos correspondentes à aquisição do terreno.

§ 1º Nesta hipótese, consolidar-se-á, no alienante em cujo favor se opera a resolução, o direito sobre a construção porventura existente.

§ 2º No caso do parágrafo anterior, cada um dos ex-titulares de direito à aquisição de unidades autônomas haverá do mencionado alienante o valor da parcela de construção que haja adicionado à unidade, salvo se a rescisão houver sido causada pelo ex-titular.

§ 3º Na hipótese dos parágrafos anteriores, sob pena de nulidade, não poderá o alienante em cujo favor se operou a resolução voltar a negociar seus direitos sobre a unidade autônoma, sem a prévia indenização aos titulares, de que trata o § 2º.

§ 4º No caso do parágrafo anterior, se os ex-titulares tiverem de recorrer à cobrança judicial do que lhes for devido, somente poderão garantir o seu pagamento a unidade e respectiva fração de terreno objeto do presente artigo.

Art. 41. Quando as unidades imobiliárias forem contratadas pelo incorporador por preço global compreendendo quota de terreno e construção, inclusive com parte de pagamento após a entrega da unidade, discriminar-se-ão, no contrato, o preço da quota de terreno e o da construção.

§ 1º Poder-se-á estipular que, na hipótese de o adquirente atrasar o pagamento de parcela relativa a construção, os efeitos da mora recairão não apenas sobre a aquisição da parte construída, mas, também, sobre a fração ideal de terreno, ainda que esta tenha sido totalmente paga.

§ 2º Poder-se-á também estipular que, na hipótese de o adquirente atrasar o pagamento da parcela relativa à fração ideal de terreno, os efeitos da mora recairão não apenas sobre a aquisição da fração ideal, mas, também, sobre a parte construída, ainda que totalmente paga.

Art. 42. No caso de rescisão do contrato relativo à fração ideal de terreno e partes comuns, a pessoa em cujo favor se tenha operado a resolução sub-rogar-se-á nos direitos e obrigações contratualmente atribuídos ao inadimplente, com relação a construção.

Art. 43. Quando o incorporador contratar a entrega da unidade a prazo e preços certos, determinados ou determináveis, mesmo quando pessoa física, ser-lhe-ão impostas as seguintes normas:

I – informar obrigatoriamente aos adquirentes, por escrito, no mínimo de seis em seis meses, o estado da obra;

II – responder civilmente pela execução da incorporação, devendo indenizar os adquirentes ou compromissários, dos prejuízos que a estes advierem do fato de não se concluir a edificação ou de se retardar injustificadamente a conclusão das obras, cabendo-lhe ação regressiva contra o construtor, se for o caso e se a este couber a culpa;

III – em caso de falência do incorporador, pessoa física ou jurídica, e não ser possível à maioria prosseguir na construção das edificações, os subscritores ou candidatos à aquisição de unidades serão credores privilegiados pelas quantias que houverem pago ao incorporador, respondendo subsidiariamente os bens pessoais deste;

IV – é vedado ao incorporador alterar o projeto, especialmente no que se refere à unidade do adquirente e às partes comuns, modificar as especificações, ou desviar-se do plano da construção, salvo autorização unânime dos interessados ou exigência legal;

V – não poderá modificar as condições de pagamento nem reajustar o preço das unidades, ainda no caso de elevação dos preços dos materiais e da mão-de-obra, salvo se tiver

sido expressamente ajustada a faculdade de reajustamento, procedendo-se, então, nas condições estipuladas;
VI – se o incorporador, sem justa causa devidamente comprovada, paralisar as obras por mais de 30 dias, ou retardar-lhes excessivamente o andamento, poderá o Juiz notificá-lo para que no prazo mínimo de 30 dias as reinicie ou torne a dar-lhes o andamento normal. Desatendida a notificação, poderá o incorporador ser destituído pela maioria absoluta dos votos dos adquirentes, sem prejuízo da responsabilidade civil ou penal que couber, sujeito à cobrança executiva das importâncias comprovadamente devidas, facultando-se aos interessados prosseguir na obra; (VETADO)
VII – em caso de insolvência do incorporador que tiver optado pelo regime da afetação e não sendo possível à maioria prosseguir na construção, a assembleia geral poderá, pelo voto de 2/3 (dois terços) dos adquirentes, deliberar pela venda do terreno, das acessões e demais bens e direitos integrantes do patrimônio de afetação, mediante leilão ou outra forma que estabelecer, distribuindo entre si, na proporção dos recursos que comprovadamente tiverem aportado, o resultado líquido da venda, depois de pagas as dívidas do patrimônio de afetação e deduzido e entregue ao proprietário do terreno a quantia que lhe couber, nos termos do art. 40; não se obtendo, na venda, a reposição dos aportes efetivados pelos adquirentes, reajustada na forma da lei e de acordo com os critérios do contrato celebrado com o incorporador, os adquirentes serão credores privilegiados pelos valores da diferença não reembolsada, respondendo subsidiariamente os bens pessoais do incorporador. (Incluído pela Lei n. 10.931, de 2004)
Art. 44. Após a concessão do "habite-se" pela autoridade administrativa, o incorporador deverá requerer (VETADO) a averbação da construção das edificações, para efeito de individualização e discriminação das unidades, respondendo perante os adquirentes pelas perdas e danos que resultem da demora no cumprimento dessa obrigação.
§ 1º Se o incorporador não requerer a averbação (VETADO) o construtor requerê-la-á (VETADO) sob pena de ficar solidariamente responsável com o incorporador perante os adquirentes.
§ 2º Na omissão do incorporador e do construtor, a averbação poderá ser requerida por qualquer dos adquirentes de unidade.
Art. 45. É lícito ao incorporador recolher o imposto do selo devido, mediante apresentação dos contratos preliminares, até 10 dias a contar do vencimento do prazo de carência a que se refere o art. 34, extinta a obrigação se, dentro deste prazo, for denunciada a incorporação.
Art. 46. Quando o pagamento do imposto sobre lucro imobiliário e respectivos acréscimos e adicionais for de responsabilidade do vendedor do terreno, será lícito ao adquirente reter o pagamento das últimas prestações anteriores à data-limite em que é lícito pagar, sem reajuste, o referido imposto e os adicionais, caso o vendedor não apresente a quitação até 10 dias antes do vencimento das prestações cujo pagamento torne inferior ao débito fiscal a parte do preço a ser ainda paga até a referida data-limite.
Parágrafo único. No caso de retenção pelo adquirente, esse ficará responsável, para todos os efeitos, perante o Fisco, pelo recolhimento do tributo, adicionais e acréscimos, inclusive pelos reajustamentos que vier a sofrer o débito fiscal (VETADO).

Art. 47. Quando se fixar no contrato que a obrigação do pagamento do imposto sobre lucro imobiliário, acréscimos e adicionais devidos pelo alienante é transferida ao adquirente, dever-se-á explicitar o montante que tal obrigação atingiria, se sua satisfação se desse na data da escritura.

§ 1º Neste caso, o adquirente será tido, para todos os efeitos, como responsável perante o Fisco.

§ 2º Havendo parcela restituível, a restituição será feita ao adquirente, e, se for o caso, em nome deste serão emitidas as Obrigações do Tesouro Nacional a que se refere o art. 4º da Lei n. 4.357, de 16.7.64.

§ 3º Para efeitos fiscais, não importará em aumento do preço de aquisição a circunstância de obrigar-se o adquirente ao pagamento do imposto sobre lucro imobiliário, seus acréscimos e adicionais.

CAPÍTULO III
Da Construção de Edificações em Condomínio

SEÇÃO I
Da Construção em Geral

Art. 48. A construção de imóveis, objeto de incorporação nos moldes previstos nesta Lei, poderá ser contratada sob o regime de empreitada ou de administração, conforme adiante definidos, e poderá estar incluída no contrato com o incorporador (VETADO), ou ser contratada diretamente entre os adquirentes e o construtor.

§ 1º O projeto e o memorial descritivo das edificações farão parte integrante e complementar do contrato.

§ 2º Do contrato deverá constar o prazo da entrega das obras e as condições e formas de sua eventual prorrogação.

Art. 49. Os contratantes da construção, inclusive no caso do art. 43, para tratar de seus interesses, com relação a ela, poderão reunir-se em assembleia, cujas deliberações, desde que aprovadas por maioria simples dos votos presentes, serão válidas e obrigatórias para todos eles, salvo no que afetar ao direito de propriedade previsto na legislação.

§ 1º As assembleias serão convocadas, pelo menos, por 1/3 (um terço) dos votos dos contratantes, pelo incorporador ou pelo construtor, com menção expressa do assunto a tratar, sendo admitido comparecimento de procurador bastante.

§ 2º A convocação da assembleia será feita por carta registrada ou protocolo, com antecedência mínima de 5 dias para a primeira convocação, e mais 3 dias para a segunda, podendo ambas as convocações ser feitas no mesmo aviso.

§ 3º A assembleia instalar-se-á, no mínimo, com metade dos contratantes, em primeira convocação, e com qualquer número, em segunda, sendo, porém, obrigatória a presença, em qualquer caso, do incorporador ou do construtor, quando convocantes, e pelo menos, com metade dos contratantes que a tenham convocado, se for o caso.

§ 4º Na assembleia os votos dos contratantes serão proporcionais às respectivas frações ideais de terreno.

Art. 50. Será designada no contrato de construção, ou eleita em assembleia especial devidamente convocada antes do início da obra, uma Comissão de Representantes, composta de três membros, pelo menos, escolhidos entre os contratantes, para representá-los junto ao construtor ou ao incorporador, no caso do art. 43, em tudo que interessar ao bom andamento da obra.

Art. 50. Será designada no contrato de construção, ou eleita em assembleia geral uma Comissão de Representantes composta de três membros, pelo menos, escolhidos entre os adquirentes, para representá-los perante o construtor ou, no caso do art. 43, ao incorporador, em tudo o que interessar ao bom andamento da incorporação, e, em especial, perante terceiros, para praticar os atos resultantes da aplicação dos arts. 31-A a 31-F. (Redação dada pela Lei n. 10.931, de 2004)

§ 1º Uma vez eleita a Comissão, cuja constituição se comprovará com a ata da assembleia, devidamente inscrita no Registro de Títulos e Documentos, esta ficará de pleno direito investida dos poderes necessários para exercer todas as atribuições e praticar todos os atos que esta Lei e o contrato de construção lhe deferirem, sem necessidade de instrumento especial outorgado pelos contratantes ou, se for o caso, pelos que se sub-rogarem nos direitos e obrigações destes.

§ 2º A assembleia poderá revogar, pela maioria absoluta dos votos dos contratantes, qualquer decisão da Comissão, ressalvados os direitos de terceiros quanto aos efeitos já produzidos.

§ 2º A assembleia geral poderá, pela maioria absoluta dos votos dos adquirentes, alterar a composição da Comissão de Representantes e revogar qualquer de suas decisões, ressalvados os direitos de terceiros quanto aos efeitos já produzidos. (Redação dada pela Lei n. 10.931, de 2004)

§ 3º Respeitados os limites constantes desta Lei, o contrato poderá discriminar as atribuições da Comissão e deverá dispor sobre os mandatos de seus membros, sua destituição e a forma de preenchimento das vagas eventuais, sendo lícita a estipulação de que o mandato conferido a qualquer membro, no caso de sub-rogação de seu contrato a terceiros, se tenha por transferido, de pleno direito, ao sub-rogatário, salvo se este não o aceitar.

§ 4º Nas incorporações em que o número de contratantes de unidades for igual ou inferior a três, a totalidade deles exercerá, em conjunto, as atribuições que esta Lei confere à Comissão, aplicando-se, no que couber, o disposto nos parágrafos anteriores.

Art. 51. Nos contratos de construção, seja qual for seu regime, deverá constar expressamente a quem caberão as despesas com ligações de serviços públicos, devidas ao Poder Público, bem como as despesas indispensáveis à instalação, funcionamento e regulamentação do condomínio.

Parágrafo único. Quando o serviço público for explorado mediante concessão, os contratos de construção deverão também especificar a quem caberão as despesas com as ligações que incumbam às concessionárias, no caso de não estarem elas obrigadas a fazê-las, ou, em o estando, se a isto se recusarem ou alegarem impossibilidade.

Art. 52. Cada contratante da construção só será imitido na posse de sua unidade se estiver em dia com as obrigações assumidas, inclusive as relativas à construção, exercendo o construtor e o condomínio, até então, o direito de retenção sobre a respectiva unidade; no caso do art. 43, este direito será exercido pelo incorporador.

Art. 53. O Poder Executivo, através do Banco Nacional da Habitação, promoverá a celebração de contratos com a Associação Brasileira de Normas Técnicas (ABNT), no sentido de que esta, tendo em vista o disposto na Lei n. 4.150, de 21 de novembro de 1962, prepare, no prazo máximo de 120 dias, normas que estabeleçam, para cada tipo de prédio que padronizar:

I – critérios e normas para cálculo de custos unitários de construção para uso dos sindicatos, na forma do art. 54;

II – critérios e normas para execução de orçamentos de custo de construção, para fins de disposto no art. 59;

III – critérios e normas para avaliação de custo global de obra, para fins da alínea *h*, do art. 32;

IV – modelo de memorial descritivo dos acabamentos de edificação, para fins do disposto no art. 32;

V – critério para entrosamento entre o cronograma das obras e o pagamento das prestações, que poderá ser introduzido nos contratos de incorporação inclusive para o efeito de aplicação do disposto no § 2º do art. 48.

§ 1º O número de tipos padronizados deverá ser reduzido e na fixação se atenderá primordialmente:

a) o número de pavimentos e a existência de pavimentos especiais (subsolo, pilotis etc.);

b) o padrão da construção (baixo, normal, alto), tendo em conta as condições de acabamento, a qualidade dos materiais empregados, os equipamentos, o número de elevadores e as inovações de conforto;

c) as áreas de construção.

§ 2º Para custear o serviço a ser feito pela ABNT, definido neste artigo, fica autorizado o Poder Executivo a abrir um crédito especial no valor de Cr$ 10.000.000,00 (dez milhões de cruzeiros), em favor do Banco Nacional de Habitação, vinculado a este fim, podendo o Banco adiantar a importância à ABNT, se necessário.

§ 3º No contrato a ser celebrado com a ABNT, estipular-se-á a atualização periódica das normas previstas neste artigo, mediante remuneração razoável.

Art. 54. Os sindicatos estaduais da indústria da construção civil ficam obrigados a divulgar mensalmente, até o dia 5 de cada mês, os custos unitários de construção a serem adotados nas respectivas regiões jurisdicionais, calculados com observância dos critérios e normas a que se refere o inciso I, do artigo anterior.

§ 1º O sindicato estadual que deixar de cumprir a obrigação prevista neste artigo deixará de receber dos cofres públicos, enquanto perdurar a omissão, qualquer subvenção ou auxílio que pleiteie ou a que tenha direito.

§ 2º Na ocorrência de omissão de sindicato estadual, o construtor usará os índices fixados por outro sindicato estadual, em cuja região os custos de construção mais lhe pareçam aproximados dos da sua.

§ 3º Os orçamentos ou estimativas baseados nos custos unitários a que se refere este artigo só poderão ser considerados atualizados, em certo mês, para os efeitos desta

Lei, se baseados em custos unitários relativos ao próprio mês ou a um dos dois meses anteriores.

SEÇÃO II
Da Construção por Empreitada

Art. 55. Nas incorporações em que a construção seja feita pelo regime de empreitada, esta poderá ser a preço fixo, ou a preço reajustável por índices previamente determinados.

§ 1º Na empreitada a preço fixo, o preço da construção será irreajustável, independentemente das variações que sofrer o custo efetivo das obras e qualquer que sejam suas causas.

§ 2º Na empreitada a preço reajustável, o preço fixado no contrato será reajustado na forma e nas épocas nele expressamente previstas, em função da variação dos índices adotados, também previstos obrigatoriamente no contrato.

§ 3º Nos contratos de construção por empreitada, a Comissão de Representantes fiscalizará o andamento da obra e a obediência ao Projeto e às especificações exercendo as demais obrigações inerentes à sua função representativa dos contratantes e fiscalizadora da construção.

§ 4º Nos contratos de construção fixados sob regime de empreitada, reajustável, a Comissão de Representantes fiscalizará, também, o cálculo do reajustamento.

§ 5º No contrato deverá ser mencionado o montante do orçamento atualizado da obra, calculado de acordo com as normas do inciso III, do art. 53, com base nos custos unitários referidos no art. 54, quando o preço estipulado for inferior ao mesmo.

§ 6º Na forma de expressa referência, os contratos de empreitada entendem-se como sendo a preço fixo.

Art. 56. Em toda a publicidade ou propaganda escrita, destinada a promover a venda de incorporação com construção pelo regime de empreitada reajustável, em que conste preço, serão discriminados explicitamente o preço da fração ideal do terreno e o preço da construção, com indicação expressa da reajustabilidade.

§ 1º As mesmas indicações deverão constar em todos os papéis utilizados para a realização da incorporação, tais como cartas, propostas, escrituras, contratos e documentos semelhantes.

§ 2º Esta exigência será dispensada nos anúncios "classificados" dos jornais.

Art. 57. Ao construtor que contratar, por empreitada a preço fixo, uma obra de incorporação, aplicar-se-á, no que couber, o disposto nos itens II, III, IV (VETADO) e VI do art. 43.

SEÇÃO III
Da Construção por Administração

Art. 58. Nas incorporações em que a construção for contratada pelo regime de administração, também chamado "a preço de custo", será de responsabilidade dos proprietários ou adquirentes o pagamento do custo integral de obra, observadas as seguintes disposições:

I – todas as faturas, duplicatas, recibos e quaisquer documentos referentes às transações ou aquisições para construção, serão emitidos em nome do condomínio dos contratantes da construção;

II – todas as contribuições dos condôminos, para qualquer fim relacionado com a construção, serão depositadas em contas abertas em nome do condomínio dos contratantes em estabelecimentos bancários, as quais serão movimentadas pela forma que for fixada no contrato.

Art. 59. No regime de construção por administração, será obrigatório constar do respectivo contrato o montante do orçamento do custo da obra, elaborado com estrita observância dos critérios e normas referidos no inciso II do art. 53, e a data em que se iniciará efetivamente a obra.

§ 1º Nos contratos lavrados até o término das fundações, este montante não poderá ser inferior ao da estimativa atualizada, a que se refere o § 3º do art. 54.

§ 2º Nos contratos celebrados após o término das fundações, este montante não poderá ser inferior à última revisão efetivada na forma do artigo seguinte.

§ 3º Às transferências e sub-rogações do contrato, em qualquer fase da obra, aplicar-se-á o disposto neste artigo.

Art. 60. As revisões da estimativa de custo da obra serão efetuadas, pelo menos semestralmente, em comum entre a Comissão de Representantes e o construtor. O contrato poderá estipular que, em função das necessidades da obra, sejam alteráveis os esquemas de contribuições quanto ao total, ao número, ao valor e à distribuição no tempo das prestações.

Parágrafo único. Em caso de majoração de prestações, o novo esquema deverá ser comunicado aos contratantes, com antecedência mínima de 45 dias da data em que deverão ser efetuados os depósitos das primeiras prestações alteradas.

Art. 61. A Comissão de Representantes terá poderes para, em nome de todos os contratantes e na forma prevista no contrato:

a) examinar os balancetes organizados pelos construtores, dos recebimentos e despesas do condomínio dos contratantes, aprová-los ou impugná-los, examinando a documentação respectiva;

b) fiscalizar concorrências relativas às compras dos materiais necessários à obra ou aos serviços a ela pertinentes;

c) contratar, em nome do condomínio, com qualquer condômino, modificações por ele solicitadas em sua respectiva unidade, a serem administradas pelo construtor, desde que não prejudiquem unidade de outro condômino e não estejam em desacordo com o parecer técnico do construtor;

d) fiscalizar a arrecadação das contribuições destinadas à construção;

e) exercer as demais obrigações inerentes a sua função representativa dos contratantes e fiscalizadora da construção, e praticar todos os atos necessários ao funcionamento regular do condomínio.

Art. 62. Em toda publicidade ou propaganda escrita destinada a promover a venda de incorporação com construção pelo regime de administração em que conste preço, serão discriminados explicitamente o preço da fração ideal de terreno e o montante do orçamento atualizado do custo da construção, na forma dos arts. 59 e 60, com a indicação do mês a que se refere o dito orçamento e do tipo padronizado a que se vincule o mesmo.

§ 1º As mesmas indicações deverão constar em todos os papéis utilizados para a realização da incorporação, tais como cartas, propostas, escrituras, contratos e documentos semelhantes.

§ 2º Esta exigência será dispensada nos anúncios "classificados" dos jornais.

CAPÍTULO IV
Das Infrações

Art. 63. É lícito estipular no contrato, sem prejuízo de outras sanções, que a falta de pagamento, por parte do adquirente ou contratante, de três prestações do preço da construção, quer estabelecidas inicialmente, quer alteradas ou criadas posteriormente, quando for o caso, depois de prévia notificação com o prazo de 10 dias para purgação da mora, implique na rescisão do contrato, conforme nele se fixar, ou que, na falta de pagamento, pelo débito respondem os direitos à respectiva fração ideal de terreno e à parte construída adicionada, na forma abaixo estabelecida, se outra forma não fixar o contrato.

§ 1º Se o débito não for liquidado no prazo de 10 dias, após solicitação da Comissão de Representantes, esta ficará, desde logo, de pleno direito, autorizada a efetuar, no prazo que fixar, em público leilão anunciado pela forma que o contrato previr, a venda, promessa de venda ou de cessão, ou a cessão da quota de terreno e correspondente parte construída e direitos, bem como a sub-rogação do contrato de construção.

§ 2º Se o maior lanço obtido for inferior ao desembolso efetuado pelo inadimplente, para a quota do terreno e a construção, despesas acarretadas e as percentagens expressas no parágrafo seguinte, será realizada nova praça no prazo estipulado no contrato. Nesta segunda praça, será aceito o maior lanço apurado, ainda que inferior àquele total (VETADO).

§ 3º No prazo de 24 horas após a realização do leilão final, o condomínio, por decisão unânime de Assembleia Geral em condições de igualdade com terceiros, terá preferência na aquisição dos bens, caso em que serão adjudicados ao condomínio.

§ 4º Do preço que for apurado no leilão, serão deduzidas as quantias em débito, todas as despesas ocorridas, inclusive honorários de advogado e anúncios, e mais 5% a título de comissão e 10% de multa compensatória, que reverterão em benefício do condomínio de todos os contratantes, com exceção do faltoso, ao qual será entregue o saldo, se houver.

§ 5º Para os fins das medidas estipuladas neste artigo, a Comissão de Representantes ficará investida de mandato irrevogável, isento do imposto do selo, na vigência do contrato geral de construção da obra, com poderes necessários para, em nome do condômino inadimplente, efetuar as citadas transações, podendo para este fim fixar preços, ajustar condições, sub-rogar o arrematante nos direitos e obrigações decorrentes do contrato de construção e da quota de terreno e construção; outorgar as competentes escrituras e contratos, receber preços, dar quitações; imitir o arrematante na posse do imóvel; transmitir domínio, direito e ação; responder pela evicção; receber citação, propor e variar de ações; e também dos poderes *ad juditia*, a serem substabelecidos a advogado legalmente habilitado.

§ 6º A morte, falência ou concordata do condômino ou sua dissolução, se se tratar de sociedade, não revogará o mandato de que trata o parágrafo anterior, o qual poderá ser exercido pela Comissão de Representantes até a conclusão dos pagamentos devidos, ainda que a unidade pertença a menor de idade.

§ 7º Os eventuais débitos, fiscais ou para com a Previdência Social, não impedirão a alienação por leilão público. Neste caso, ao condômino somente será entregue o saldo, se houver, desde que prove estar quite com o Fisco e a Previdência Social, devendo a Comissão de Representantes, em caso contrário, consignar judicialmente a importância equivalente aos débitos existentes, dando ciência do fato à entidade credora.

§ 8º Independentemente das disposições deste artigo e seus parágrafos, e como penalidades preliminares, poderá o contrato de construção estabelecer a incidência de multas e juros de mora em caso de atraso no depósito de contribuições sem prejuízo do disposto no parágrafo seguinte.

§ 9º O contrato poderá dispor que o valor das prestações, pagas com atraso, seja corrigível em função da variação do índice geral de preços mensalmente publicado pelo Conselho Nacional de Economia, que reflita as oscilações do poder aquisitivo da moeda nacional.

§ 10. O membro da Comissão de Representantes que incorrer na falta prevista neste artigo estará sujeito à perda automática do mandato e deverá ser substituído segundo dispuser o contrato.

Art. 64. Os órgãos de informação e publicidade que divulgarem publicamente sem os requisitos exigidos pelo § 3º do art. 32 e pelos arts. 56 e 62, desta Lei, sujeitar-se-ão à multa em importância correspondente ao dobro do preço pago pelo anunciante, a qual reverterá em favor da respectiva Municipalidade.

Art. 65. É crime contra a economia popular promover incorporação, fazendo, em proposta, contratos, prospectos ou comunicação ao público ou aos interessados, afirmação falsa sobre a constituição do condomínio, alienação das frações ideais do terreno ou sobre a construção das edificações.

PENA. Reclusão de um a quatro anos e multa de cinco a cinquenta vezes o maior salário mínimo legal vigente no País.

§ 1º Incorrem na mesma pena:

I – o incorporador, o corretor e o construtor, individuais, bem como os diretores ou gerentes de empresa coletiva, incorporadora, corretora ou construtora que, em proposta, contrato, publicidade, prospecto, relatório, parecer, balanço ou comunicação ao público ou aos condôminos, candidatos ou subscritores de unidades, fizerem afirmação falsa sobre a constituição do condomínio, alienação das frações ideais ou sobre a construção das edificações;

II – o incorporador, o corretor e o construtor individuais, bem como os diretores ou gerentes de empresa coletiva, incorporadora, corretora ou construtora que usar, ainda que a título de empréstimo, em proveito próprio ou de terceiros, bens ou haveres

destinados a incorporação contratada por administração, sem prévia autorização dos interessados.
§ 2º O julgamento destes crimes será de competência de Juízo singular, aplicando-se os arts. 5º, 6º e 7º da Lei n. 1.521, de 26 de dezembro de 1951.
§ 3º Em qualquer fase do procedimento criminal objeto deste artigo, a prisão do indiciado dependerá sempre de mandado do Juízo referido no § 2º. (Parágrafo incluído pela Lei n. 4.864, de 29.11.1965)
Art. 66. São contravenções relativas à economia popular, puníveis na forma do art. 10 da Lei n. 1.521, de 26 de dezembro de 1951:
I – negociar o incorporador frações ideais de terreno, sem previamente satisfazer às exigências constantes desta Lei;
II – omitir o incorporador, em qualquer documento de ajuste, as indicações a que se referem os arts. 37 e 38, desta Lei;
III – deixar o incorporador, sem justa causa, no prazo do art. 35 e ressalvada a hipótese de seus §§ 2º e 3º, de promover a celebração do contrato relativo à fração ideal de terreno, do contrato de construção ou da Convenção do condomínio;
IV – (VETADO).
V – omitir o incorporador, no contrato, a indicação a que se refere o § 5º do art. 55 desta Lei;
VI – paralisar o incorporador a obra, por mais de 30 dias, ou retardar-lhe excessivamente o andamento sem justa causa.
PENA. Multa de cinco a vinte vezes o maior salário mínimo legal vigente no País.
Parágrafo único. No caso de contratos relativos a incorporações, de que não participe o incorporador, responderão solidariamente pelas faltas capituladas neste artigo o construtor, o corretor, o proprietário ou titular de direitos aquisitivos do terreno, desde que figurem no contrato, com direito regressivo sobre o incorporador, se as faltas cometidas lhe forem imputáveis.

CAPÍTULO V
Das Disposições Finais e Transitórias

Art. 67. Os contratos poderão consignar exclusivamente as cláusulas, termos ou condições variáveis ou específicas.
§ 1º As cláusulas comuns a todos os adquirentes não precisarão figurar expressamente nos respectivos contratos.
§ 2º Os contratos, no entanto, consignarão obrigatoriamente que as partes contratantes adotem e se comprometam a cumprir as cláusulas, termos e condições contratuais a que se refere o parágrafo anterior, sempre transcritas, *verbo ad verbum* no respectivo cartório ou ofício, mencionando, inclusive, o número do livro e das folhas do competente registro.
§ 3º Aos adquirentes, ao receberem os respectivos instrumentos, será obrigatoriamente entregue cópia, impressa ou mimeografada, autenticada, do contrato-padrão, contendo as cláusulas, termos e condições referidas no § 1º deste artigo.

§ 4º Os Cartórios de Registro de Imóveis, para os devidos efeitos, receberão dos incorporadores, autenticadamente, o instrumento a que se refere o parágrafo anterior.

Art. 68. Os proprietários ou titulares de direito aquisitivo sobre as terras rurais ou os terrenos onde pretendam construir ou mandar construir habitações isoladas para aliená-las antes de concluídas, mediante pagamento do preço a prazo, deverão, previamente, satisfazer às exigências constantes no art. 32, ficando sujeitos ao regime instituído nesta Lei para os incorporadores, no que lhes for aplicável.

Art. 69. O Poder Executivo baixará, no prazo de 90 dias, regulamento sobre o registro no Registro de Imóveis (VETADO).

Art. 70. A presente lei entrará em vigor na data de sua publicação, revogados o Decreto n. 5.481, de 25 de junho de 1928 e quaisquer disposições em contrário.

Brasília, 16 de dezembro de 1964; 143º da Independência e 76º da República.

H. CASTELLO BRANCO
Milton Soares Campos

Código Civil – Lei n. 10.406, de 10 de Janeiro de 2002

CAPÍTULO VI
Do Condomínio Geral

SEÇÃO I
Do Condomínio Voluntário

SUBSEÇÃO I
Dos Direitos e Deveres dos Condôminos

Art. 1.314. Cada condômino pode usar da coisa conforme sua destinação, sobre ela exercer todos os direitos compatíveis com a indivisão, reivindicá-la de terceiro, defender a sua posse e alhear a respectiva parte ideal, ou gravá-la.
Parágrafo único. Nenhum dos condôminos pode alterar a destinação da coisa comum, nem dar posse, uso ou gozo dela a estranhos, sem o consenso dos outros.
Art. 1.315. O condômino é obrigado, na proporção de sua parte, a concorrer para as despesas de conservação ou divisão da coisa, e a suportar os ônus a que estiver sujeita.
Parágrafo único. Presumem-se iguais as partes ideais dos condôminos.
Art. 1.316. Pode o condômino eximir-se do pagamento das despesas e dívidas, renunciando à parte ideal.
§ 1º Se os demais condôminos assumem as despesas e as dívidas, a renúncia lhes aproveita, adquirindo a parte ideal de quem renunciou, na proporção dos pagamentos que fizerem.
§ 2º Se não há condômino que faça os pagamentos, a coisa comum será dividida.
Art. 1.317. Quando a dívida houver sido contraída por todos os condôminos, sem se discriminar a parte de cada um na obrigação, nem se estipular solidariedade, entende-se que cada qual se obrigou proporcionalmente ao seu quinhão na coisa comum.
Art. 1.318. As dívidas contraídas por um dos condôminos em proveito da comunhão, e durante ela, obrigam o contratante; mas terá este ação regressiva contra os demais.
Art. 1.319. Cada condômino responde aos outros pelos frutos que percebeu da coisa e pelo dano que lhe causou.
Art. 1.320. A todo tempo será lícito ao condômino exigir a divisão da coisa comum, respondendo o quinhão de cada um pela sua parte nas despesas da divisão.
§ 1º Podem os condôminos acordar que fique indivisa a coisa comum por prazo não maior de cinco anos, suscetível de prorrogação ulterior.
§ 2º Não poderá exceder de cinco anos a indivisão estabelecida pelo doador ou pelo testador.

§ 3º A requerimento de qualquer interessado e se graves razões o aconselharem, pode o juiz determinar a divisão da coisa comum antes do prazo.
Art. 1.321. Aplicam-se à divisão do condomínio, no que couber, as regras de partilha de herança (arts. 2.013 a 2.022).
Art. 1.322. Quando a coisa for indivisível, e os consortes não quiserem adjudicá-la a um só, indenizando os outros, será vendida e repartido o apurado, preferindo-se, na venda, em condições iguais de oferta, o condômino ao estranho, e entre os condôminos aquele que tiver na coisa benfeitorias mais valiosas, e, não as havendo, o de quinhão maior.
Parágrafo único. Se nenhum dos condôminos tem benfeitorias na coisa comum e participam todos do condomínio em partes iguais, realizar-se-á licitação entre estranhos e, antes de adjudicada a coisa àquele que ofereceu maior lanço, proceder-se-á à licitação entre os condôminos, a fim de que a coisa seja adjudicada a quem afinal oferecer melhor lanço, preferindo, em condições iguais, o condômino ao estranho.

SUBSEÇÃO II
Da Administração do Condomínio

Art. 1.323. Deliberando a maioria sobre a administração da coisa comum, escolherá o administrador, que poderá ser estranho ao condomínio; resolvendo alugá-la, preferir-se-á, em condições iguais, o condômino ao que não o é.
Art. 1.324. O condômino que administrar sem oposição dos outros presume-se representante comum.
Art. 1.325. A maioria será calculada pelo valor dos quinhões.
§ 1º As deliberações serão obrigatórias, sendo tomadas por maioria absoluta.
§ 2º Não sendo possível alcançar maioria absoluta, decidirá o juiz, a requerimento de qualquer condômino, ouvidos os outros.
§ 3º Havendo dúvida quanto ao valor do quinhão, será este avaliado judicialmente.
Art. 1.326. Os frutos da coisa comum, não havendo em contrário estipulação ou disposição de última vontade, serão partilhados na proporção dos quinhões.

SEÇÃO II
Do Condomínio Necessário

Art. 1.327. O condomínio por meação de paredes, cercas, muros e valas regula-se pelo disposto neste Código (arts. 1.297 e 1.298; 1.304 a 1.307).
Art. 1.328. O proprietário que tiver direito a estremar um imóvel com paredes, cercas, muros, valas ou valados, tê-lo-á igualmente a adquirir meação na parede, muro, valado ou cerca do vizinho, embolsando-lhe metade do que atualmente valer a obra e o terreno por ela ocupado (art. 1.297).
Art. 1.329. Não convindo os dois no preço da obra, será este arbitrado por peritos, a expensas de ambos os confinantes.

Art. 1.330. Qualquer que seja o valor da meação, enquanto aquele que pretender a divisão não o pagar ou depositar, nenhum uso poderá fazer na parede, muro, vala, cerca ou qualquer outra obra divisória.

CAPÍTULO VII
Do Condomínio Edilício

SEÇÃO I
Disposições Gerais

Art. 1.331. Pode haver, em edificações, partes que são propriedade exclusiva, e partes que são propriedade comum dos condôminos.

§ 1º As partes suscetíveis de utilização independente, tais como apartamentos, escritórios, salas, lojas, sobrelojas ou abrigos para veículos, com as respectivas frações ideais no solo e nas outras partes comuns, sujeitam-se a propriedade exclusiva, podendo ser alienadas e gravadas livremente por seus proprietários.

§ 2º O solo, a estrutura do prédio, o telhado, a rede geral de distribuição de água, esgoto, gás e eletricidade, a calefação e refrigeração centrais, e as demais partes comuns, inclusive o acesso ao logradouro público, são utilizados em comum pelos condôminos, não podendo ser alienados separadamente, ou divididos.

§ 3º A fração ideal no solo e nas outras partes comuns é proporcional ao valor da unidade imobiliária, o qual se calcula em relação ao conjunto da edificação.

§ 3º A cada unidade imobiliária caberá, como parte inseparável, uma fração ideal no solo e nas outras partes comuns, que será identificada em forma decimal ou ordinária no instrumento de instituição do condomínio. (Redação dada pela Lei n. 10.931, de 2004)

§ 4º Nenhuma unidade imobiliária pode ser privada do acesso ao logradouro público.

§ 5º O terraço de cobertura é parte comum, salvo disposição contrária da escritura de constituição do condomínio.

Art. 1.332. Institui-se o condomínio edilício por ato entre vivos ou testamento, registrado no Cartório de Registro de Imóveis, devendo constar daquele ato, além do disposto em lei especial:

I – a discriminação e individualização das unidades de propriedade exclusiva, estremadas uma das outras e das partes comuns;

II – a determinação da fração ideal atribuída a cada unidade, relativamente ao terreno e partes comuns;

III – o fim a que as unidades se destinam.

Art. 1.333. A convenção que constitui o condomínio edilício deve ser subscrita pelos titulares de, no mínimo, dois terços das frações ideais e torna-se, desde logo, obrigatória para os titulares de direito sobre as unidades, ou para quantos sobre elas tenham posse ou detenção.

Parágrafo único. Para ser oponível contra terceiros, a convenção do condomínio deverá ser registrada no Cartório de Registro de Imóveis.

Art. 1.334. Além das cláusulas referidas no art. 1.332 e das que os interessados houverem por bem estipular, a convenção determinará:
I – a quota proporcional e o modo de pagamento das contribuições dos condôminos para atender às despesas ordinárias e extraordinárias do condomínio;
II – sua forma de administração;
III – a competência das assembleias, forma de sua convocação e *quorum* exigido para as deliberações;
IV – as sanções a que estão sujeitos os condôminos, ou possuidores;
V – o regimento interno.
§ 1º A convenção poderá ser feita por escritura pública ou por instrumento particular.
§ 2º São equiparados aos proprietários, para os fins deste artigo, salvo disposição em contrário, os promitentes compradores e os cessionários de direitos relativos às unidades autônomas.
Art. 1.335. São direitos do condômino:
I – usar, fruir e livremente dispor das suas unidades;
II – usar das partes comuns, conforme a sua destinação, e contanto que não exclua a utilização dos demais compossuidores;
III – votar nas deliberações da assembleia e delas participar, estando quite.
Art. 1.336. São deveres do condômino:
I – contribuir para as despesas do condomínio, na proporção de suas frações ideais;
I – contribuir para as despesas do condomínio, na proporção das suas frações ideais, salvo disposição em contrário na convenção; (Redação dada pela Lei n. 10.931, de 2004)
II – não realizar obras que comprometam a segurança da edificação;
III – não alterar a forma e a cor da fachada, das partes e esquadrias externas;
IV – dar às suas partes a mesma destinação que tem a edificação, e não as utilizar de maneira prejudicial ao sossego, salubridade e segurança dos possuidores, ou aos bons costumes.
§ 1º O condômino que não pagar a sua contribuição ficará sujeito aos juros moratórios convencionados ou, não sendo previstos, os de um por cento ao mês e multa de até dois por cento sobre o débito.
§ 2º O condômino, que não cumprir qualquer dos deveres estabelecidos nos incisos II a IV, pagará a multa prevista no ato constitutivo ou na convenção, não podendo ela ser superior a cinco vezes o valor de suas contribuições mensais, independentemente das perdas e danos que se apurarem; não havendo disposição expressa, caberá à assembleia geral, por dois terços no mínimo dos condôminos restantes, deliberar sobre a cobrança da multa.
Art. 1337. O condômino, ou possuidor, que não cumpre reiteradamente com os seus deveres perante o condomínio poderá, por deliberação de três quartos dos condôminos restantes, ser constrangido a pagar multa correspondente até ao quíntuplo do valor atribuído à contribuição para as despesas condominiais, conforme a gravidade das faltas e a reiteração, independentemente das perdas e danos que se apurem.
Parágrafo único. O condômino ou possuidor que, por seu reiterado comportamento antissocial, gerar incompatibilidade de convivência com os demais condôminos ou

possuidores, poderá ser constrangido a pagar multa correspondente ao décuplo do valor atribuído à contribuição para as despesas condominiais, até ulterior deliberação da assembleia.

Art. 1.338. Resolvendo o condômino alugar área no abrigo para veículos, preferir-se-á, em condições iguais, qualquer dos condôminos a estranhos, e, entre todos, os possuidores.

Art. 1.339. Os direitos de cada condômino às partes comuns são inseparáveis de sua propriedade exclusiva; são também inseparáveis das frações ideais correspondentes as unidades imobiliárias, com as suas partes acessórias.

§ 1º Nos casos deste artigo é proibido alienar ou gravar os bens em separado.

§ 2º É permitido ao condômino alienar parte acessória de sua unidade imobiliária a outro condômino, só podendo fazê-lo a terceiro se essa faculdade constar do ato constitutivo do condomínio, e se a ela não se opuser a respectiva assembleia geral.

Art. 1.340. As despesas relativas a partes comuns de uso exclusivo de um condômino, ou de alguns deles, incumbem a quem delas se serve.

Art. 1.341. A realização de obras no condomínio depende:
I – se voluptuárias, de voto de dois terços dos condôminos;
II – se úteis, de voto da maioria dos condôminos.

§ 1º As obras ou reparações necessárias podem ser realizadas, independentemente de autorização, pelo síndico, ou, em caso de omissão ou impedimento deste, por qualquer condômino.

§ 2º Se as obras ou reparos necessários forem urgentes e importarem em despesas excessivas, determinada sua realização, o síndico ou o condômino que tomou a iniciativa delas dará ciência à assembleia, que deverá ser convocada imediatamente.

§ 3º Não sendo urgentes, as obras ou reparos necessários, que importarem em despesas excessivas, somente poderão ser efetuadas após autorização da assembleia, especialmente convocada pelo síndico, ou, em caso de omissão ou impedimento deste, por qualquer dos condôminos.

§ 4º O condômino que realizar obras ou reparos necessários será reembolsado das despesas que efetuar, não tendo direito à restituição das que fizer com obras ou reparos de outra natureza, embora de interesse comum.

Art. 1.342. A realização de obras, em partes comuns, em acréscimo às já existentes, a fim de lhes facilitar ou aumentar a utilização, depende da aprovação de dois terços dos votos dos condôminos, não sendo permitidas construções, nas partes comuns, suscetíveis de prejudicar a utilização, por qualquer dos condôminos, das partes próprias, ou comuns.

Art. 1.343. A construção de outro pavimento, ou, no solo comum, de outro edifício, destinado a conter novas unidades imobiliárias, depende da aprovação da unanimidade dos condôminos.

Art. 1.344. Ao proprietário do terraço de cobertura incumbem as despesas da sua conservação, de modo que não haja danos às unidades imobiliárias inferiores.

Art. 1.345. O adquirente de unidade responde pelos débitos do alienante, em relação ao condomínio, inclusive multas e juros moratórios.

Art. 1.346. É obrigatório o seguro de toda a edificação contra o risco de incêndio ou destruição, total ou parcial.

SEÇÃO II
Da Administração do Condomínio

Art. 1.347. A assembleia escolherá um síndico, que poderá não ser condômino, para administrar o condomínio, por prazo não superior a dois anos, o qual poderá renovar-se.

Art. 1.348. Compete ao síndico:
I – convocar a assembleia dos condôminos;
II – representar, ativa e passivamente, o condomínio, praticando, em juízo ou fora dele, os atos necessários à defesa dos interesses comuns;
III – dar imediato conhecimento à assembleia da existência de procedimento judicial ou administrativo, de interesse do condomínio;
IV – cumprir e fazer cumprir a convenção, o regimento interno e as determinações da assembleia;
V – diligenciar a conservação e a guarda das partes comuns e zelar pela prestação dos serviços que interessem aos possuidores;
VI – elaborar o orçamento da receita e da despesa relativa a cada ano;
VII – cobrar dos condôminos as suas contribuições, bem como impor e cobrar as multas devidas;
VIII – prestar contas à assembleia, anualmente e quando exigidas;
IX – realizar o seguro da edificação.
§ 1º Poderá a assembleia investir outra pessoa, em lugar do síndico, em poderes de representação.
§ 2º O síndico pode transferir a outrem, total ou parcialmente, os poderes de representação ou as funções administrativas, mediante aprovação da assembleia, salvo disposição em contrário da convenção.

Art. 1.349. A assembleia, especialmente convocada para o fim estabelecido no § 2º do artigo antecedente, poderá, pelo voto da maioria absoluta de seus membros, destituir o síndico que praticar irregularidades, não prestar contas, ou não administrar convenientemente o condomínio.

Art. 1.350. Convocará o síndico, anualmente, reunião da assembleia dos condôminos, na forma prevista na convenção, a fim de aprovar o orçamento das despesas, as contribuições dos condôminos e a prestação de contas, e eventualmente elegerlhe o substituto e alterar o regimento interno.
§ 1º Se o síndico não convocar a assembleia, um quarto dos condôminos poderá fazê-lo.
§ 2º Se a assembleia não se reunir, o juiz decidirá, a requerimento de qualquer condômino.

Art. 1.351. Depende da aprovação de dois terços dos votos dos condôminos a alteração da convenção e do regimento interno; a mudança da destinação do edifício, ou da unidade imobiliária, depende de aprovação pela unanimidade dos condôminos.

Art. 1.351. Depende da aprovação de 2/3 (dois terços) dos votos dos condôminos a alteração da convenção; a mudança da destinação do edifício, ou da unidade imobiliária, depende da aprovação pela unanimidade dos condôminos. (Redação dada pela Lei n. 10.931, de 2004)

Art. 1.352. Salvo quando exigido *quorum* especial, as deliberações da assembleia serão tomadas, em primeira convocação, por maioria de votos dos condôminos presentes que representem pelo menos metade das frações ideais.

Parágrafo único. Os votos serão proporcionais às frações ideais no solo e nas outras partes comuns pertencentes a cada condômino, salvo disposição diversa da convenção de constituição do condomínio.

Art. 1.353. Em segunda convocação, a assembleia poderá deliberar por maioria dos votos dos presentes, salvo quando exigido *quorum* especial.

Art. 1.354. A assembleia não poderá deliberar se todos os condôminos não forem convocados para a reunião.

Art. 1.355. Assembleias extraordinárias poderão ser convocadas pelo síndico ou por um quarto dos condôminos.

Art. 1.356. Poderá haver no condomínio um conselho fiscal, composto de três membros, eleitos pela assembleia, por prazo não superior a dois anos, ao qual compete dar parecer sobre as contas do síndico.

SEÇÃO III
Da Extinção do Condomínio

Art. 1.357. Se a edificação for total ou consideravelmente destruída, ou ameace ruína, os condôminos deliberarão em assembleia sobre a reconstrução, ou venda, por votos que representem metade mais uma das frações ideais.

§ 1º Deliberada a reconstrução, poderá o condômino eximir-se do pagamento das despesas respectivas, alienando os seus direitos a outros condôminos, mediante avaliação judicial.

§ 2º Realizada a venda, em que se preferirá, em condições iguais de oferta, o condômino ao estranho, será repartido o apurado entre os condôminos, proporcionalmente ao valor das suas unidades imobiliárias.

Art. 1.358. Se ocorrer desapropriação, a indenização será repartida na proporção a que se refere o § 2º do artigo antecedente.

Referências Bibliográficas

ARRUDA ALVIM. *Curso de Direito Processual Civil*. v. 1. São Paulo: Revista dos Tribunais, 1972.

AZEVEDO, Álvaro Villaça. *Tratado da Locação Predial Urbana*. São Paulo: Saraiva, 1985.

BESSONE, Darcy. *Direitos Reais*. 2ª ed. São Paulo: Saraiva, 1996.

BEVILÁQUA, Clóvis. *Direito das Coisas*. 1º vol. 4ª ed. Rio de Janeiro: Forense, 1956.

CÂMARA, Hamilton Quirino. *Condomínio Edilício*. Rio de Janeiro: Lumen Juris, 2004.

CHALHUB, Melhin Namem. *Curso de Direito Civil* – Direitos Reais. Rio de Janeiro: Forense, 2003.

DINIZ, Maria Helena. *Curso de Direito Civil*. 4º vol. São Paulo: Saraiva, 2002.

_____. *Lei de Locações de Imóveis Urbanos Comentada*. 9ª ed. São Paulo: Saraiva, 2008.

GOMES, Orlando. *Direitos Reais*. 16ª ed. Rio de Janeiro: Forense, 2000.

GRECO FILHO, Vicente. *Direito Processual Civil Brasileiro*. São Paulo: Saraiva, 1982.

LIEBMAN, Enrico Tullio. *Processo de Execução*. São Paulo: Saraiva, 1946.

MELO, Marco Aurélio Bezerra de. *Direito das Coisas*. 1ª ed. Rio de Janeiro, 2007.

MIRANDA, Pontes de. *Comentários ao Código de Processo Civil*. Tomo X. Rio de Janeiro: Forense, 1976.

NUNES, Pedro. *Direito das Coisas*. 1ª ed. Rio de Janeiro: Saraiva 2007.

OLIVEIRA NETO, Arthur Narciso de. *Locação Residencial*: Aspectos Materiais da Dissolução do Contrato. 1ª ed. Rio de Janeiro: Renovar, 1996.

SOUZA, Sylvio Capanema de. *Da Locação do Imóvel Urbano*: Direito e Processo. Rio de Janeiro: Forense, 2000.

VENOSA, Sílvio de Salvo. *Lei do Inquilinato Comentada*. São Paulo: Atlas, 2004.

VIEGAS, Weverson. *Arrematação* . *Jus Navigandi*, Teresina, ano 9, n. 496, 15 nov. 2004. Disponível em: <http://jus2.uol.com.br/doutrina/texto.asp?id=5895>. Acesso em: 31. maio.2008.